AF405485

Le Manifeste
de
La Katanganité

Katanga Atawina !

Le Katanga face à la Conférence de Berlin
Le Katanga face à la Table Ronde de Bruxelles
Le Katanga face à l'O.N.U.

TABLE DES MATIÈRES

Dédicace 6

Introduction 8

La CONAKAT et le Confédéralisme katangais 13

L'échec de la Table Ronde politique Belgo-congolaise de Bruxelles 19

La Katanganité sur le plan historique et juridique : face à la Conférence de Berlin 27

Les griefs légitimes des katangais authentiques 44

Le prélude de la sécession katangaise 48

L'Acte de proclamation de l'indépendance et ses conséquences 53

La Genèse de l'intervention des Nations-Unies au Katanga 59

L'étendue et l'ambiguïté du mandat de l'ONU 66

Le problème de l'entrée des troupes de l'ONU au Katanga 71

La résolution de l'ONU du 21 février 1961 et ses conséquences 80

Le Katanga et les tentatives congolaises d'une solution pacifique à la crise 83

   A/ Première tentative : La Conférence de Tananarive du 8 au 12 mars 1961 84

   B/ Deuxième tentative : La Conférence de Coquilhatville du 24 au 28 mai 1961 88

Les initiatives politiques des Nations-Unies 94

La première confrontation militaire du 13 septembre 1961 97

La résolution du 24 novembre 1961 et ses conséquences 104

L'accord de Kitona du 20 décembre 1961 108

Le plan U-Thant 111

Les facteurs déterminants de la fin de l'Etat indépendant du Katanga 112

La phase finale de l'offensive de l'ONU 115

La Guerre Froide : L'explication de l'intervention de l'ONU au Katanga 116

La traîtrise et l'action destructive de l'ONU au Katanga 120

Le Congo-Kinshasa : Un grand marché international de libre exploitation 133

Confédéralisme versus Unitarisme et/ou Décentralisation 140

Les accomplissements durant le Katanga indépendant 157

Le cas de la partition du Soudan : un cas de jurisprudence 163

Conclusion 166

Annexe 1 : Discours de Moïse Kapend Tshombe à la Chambre des Lords à Londres le 08 avril 1964 172

Annexe 2 : Un moment avec Moïse Tshombe en captivité en Algérie 183

Bibliographie 186

Dédicace

Ma pensée émue va avant tout à mon regretté père, Moïse Kayemb Nawej, qui aurait pu ce jour partager avec moi cette joie immense qui symbolise l'un de ses vœux les plus audacieux, notamment de voir l'édition d'une partie de son Mémoire présenté pour l'obtention du grade de Licencié en Sciences Politiques et Diplomatiques à l'Université Libre de Bruxelles en Février 1971.

Vu qu'une bonne partie de cet ouvrage repose sur le Mémoire universitaire de mon père, je lui dois un lourd tribut de reconnaissance. Je lui dois également une grande reconnaissance pour m'avoir imprégné dès un bas âge dans ce qu'on peut appeler la "Katanganité". Sa grande admiration pour la personne de Moïse Tshombe a été pour moi un fil rouge tout au long du développement de ma conscience politique.

Et surtout, mon père m'a transmis d'une façon continue l'histoire, la culture et les valeurs de ma nation-Ethnique, c'est-à-dire, la nation Lunda (Ruund). Quand il parla de son enfance dans son village natal, j'étais accroché à ses lèvres pour ne pas en rater la moindre miette. Mon père est né à Musumba, où les monarques de l'Empire Lunda, appelés les Mwant Yav, installèrent jadis leur capitale. Ainsi, Musumba est construit sur un plateau en plein cœur de l'Empire Lunda, et pour situer cet emplacement, il faut suivre du doigt la rivière Lulua, en bordure de l'Angola, puis s'arrêter quelques kilomètres avant son entrée dans les profondeurs du Kasaï.

Au sein des différents clans Lundas, les miens du côté paternel, en provenance du village de Ruchach-Mayimb, appartiennent au clan des Amalas, dont la famille Tshombe fait également partie. Mon père et mon grand-père (Pierre Samasang Sumbul Nawej), furent des Mwilas (Chefs) au sein des Amalas, et ma tante Jacqueline fut une des épouses de Mwant Yav Mbumb (Daniel Tshombe), jadis l'Empereur des Lundas.

Ainsi ma famille a toujours été très proche de la famille Tshombe, et à ce sujet-là, je me dois ici de citer et de remercier ma mère, d'origine belge et blanche de peau, Ida Raymonde Blomme, qui faisait partie du cabinet en exile de Moïse Tshombe, en Espagne, à Madrid, où elle fut la Secrétaire particulière de Moïse Tshombe.

Mes parents et ma famille ont toujours été proche de Moïse Tshombe, ceci à partir de son ascension jusqu'à son enlèvement, son incarcération et sa mort en Algérie, et finalement son enterrement à Bruxelles. Après la disparition de Moïse Tshombe nous restâmes proches de sa veuve et de ses enfants, à Bruxelles, où la famille Tshombe avaient élu domicile à la rue des Aduatiques, à Etterbeek.

La Katanganité et le Tshombisme nous sont incrustés dans la chair et dans le sang, et cet ouvrage me permet de rendre un vibrant hommage à ma mère, une vraie katangaise, et à mon fort regretté père, issu tout comme les Tshombe de la meilleure souche des Nobles de la Cour Impériale Lunda.

Introduction

Bien souvent beaucoup de congolais désignent du bout des doigts le Katanga et sa sécession comme l'origine directe de ce qu'on peut appeler le drame congolais, or ce drame eut des origines bien plus directes.

Effectivement, en dehors du Katanga, la cause de ce qu'on appelle la Sécession katangaise a été souvent très mal comprise à cause des désinformations, des préjugés, de la haine et du mépris, orchestrés par des doctrinaires de tout horizon, pour qui la liberté des peuples à disposer d'eux-mêmes n'existe que quand cela peut servir à nourrir leurs propres intérêts ou leurs propres idéaux politiques.

Nous tenterons dans ce chapitre introductif de retracer sommairement la situation qui prévalait dans l'ensemble du pays avant le 30 juin 1960, date de l'indépendance du Congo.

Après les travaux de la Table ronde politique de Bruxelles dont la réussite peut fortement être remise en doute, car le problème congolais n'y fut pas du tout résolu et ses résolutions n'apaisèrent nullement les choses, car les propos démagogiques et polémiques des hommes politiques prirent une allure plus pernicieuse, de sorte que l'on pourrait même parler d'un échec total de cette Table ronde politique, car les unitaristes (minoritaires) demeuraient aux prises avec les fédéralistes et les confédéralistes.

La question était de savoir si cet immense pays fragile aux frontières artificielles et totalement arbitraires issues de la Conférence de Berlin de 1885, pourrait tenir tête au séparatisme du Bas-Congo via l'ABAKO (Union des Bakongo), au séparatisme du Katanga via la CONAKAT (Confédération des Associations Tribales du Katanga), ainsi qu'à la sécession menaçante dans le Sud-Kasaï, mais aussi à la révolte de la Province Orientale et à l'insurrection générale du Mouvement National Congolais patronné par Patrice Emery Lumumba.

Dans cet ouvrage, nous verrons de près pourquoi l'on peut avancer que la Table ronde de Bruxelles devant conduire une transition pour emmener le Congo vers son Indépendance, fut un échec.

Premièrement, l'idée d'une entité autonome ne se rencontrait pas uniquement qu'au Katanga, mais on enregistrait dans quasi toutes les provinces, un sentiment analogue que nous allons tenter de décrire ci-après.

A Léopoldville (Kinshasa), l'Association des Bakongo (ABAKO), fondée en 1950, estimait que chaque peuple de l'ex-Congo Belge devrait être libre de faire du territoire de ses ancêtres ce que bon lui semblait, et ils avaient bien raison. Ainsi, l'ABAKO forma un gouvernement purement mukongo sous la houlette de Gaston Diomi, et prêcha un Congo fédéral, et ne toléra pas qu'après le 30 juin 1960 une sorte de néocolonialisme puisse succéder au régime établi. En sus, leur rêve ne se limitait pas seulement à un Bas-Congo autonome, mais à la reconstruction de l'ancien Royaume Kongo (Kongo dia Ntotila) qui avait été désagrégé par l'entreprise coloniale, et qui est jusqu'à nos jours partagé entre l'Angola, la République Démocratique du Congo et le Congo-Brazzaville. Ces leaders Bakongo de l'époque eurent la vision juste des choses, car ceci aurait constitué une réelle décolonisation avec un retour aux frontières précoloniales. D'ailleurs ce rêve n'était pas seulement dans les têtes des leaders Bakongo à Léopoldville (Kinshasa), il trotta aussi dans l'esprit de l'Abbé Youlou, à ce moment-là premier ministre au Congo-Brazzaville et qui fut un sujet mukongo. Plusieurs médias firent à l'époque mention des visées de l'Abbé Youlou sur la province du Bas-Congo dans le pays voisin. Ainsi, le 26 février 1960, sur demande de l'Abbé Youlou, Mr. Couve de Murville fit savoir à l'Ambassadeur de Belgique, que Paris ne renonçait pas au droit de préemption – droit prioritaire d'acquisition – sur le Congo lui conféré par l'accord Ferry-Léopold II, en 1883.

Donc, disons-le avec des mots bien clairs, l'ABAKO exigeait à court terme une autonomie tout en suggérant en même temps une structure politique du pays à partir des entités ethniques. Pour l'ABAKO ce fut une pure utopie de vouloir rallier tous les Congolais à une même opinion. Le Manifeste de l'ABAKO était totalement engagé dans une voie politique sous l'étiquette du groupement ethnique et culturelle.

Notons également que l'ABAKO lança le projet de reconstituer l'ancien royaume Kongo, en lançant un appel rassembleur aux autres frères Bakongo du Congo-Brazzaville et de l'Angola, et comme le disait si bien R. Cornevin : "Bien que le royaume Kongo ait été désintégré en petites principautés après la bataille d'Ambuila en 1665 ...les Kongo avaient gardé un net sentiment de conscience nationale qui devait subsister à travers les frontières décidées arbitrairement par les Européens, les séparant en trois administrations..."

Faisons maintenant un tour au Kasaï. Tout d'abord il faut noter que cette province était souvent caractérisée par des luttes tribales d'une grande intensité entre deux ethnies traditionnellement aux prises, notamment les Lulua et les Baluba. Ce n'est que grâce à la vigilance de l'Administration coloniale qu'il y eut un calme partiel. Ce qui impliqua que la coalition MNC-Lumumba/Lulua n'y fut pas de nature à apaiser les esprits. Ainsi, l'ethnie Muluba (Baluba) se groupa au sein du MNC-Kalonji, un parti dissident du MNC-Lumumba qui annonça fermement son intention de s'ériger en 'République' Muluba, et envoya différents messages au Roi des belges, aux ministres De Schrijver, Ganshof et Scheven, au Parlement belge, disant qu'en cas de non-satisfaction cela serait la politique "provocatrice et maladroite" de P. Lumumba qui devait endosser les conséquences douloureuses ultérieures.

Dans la province de l'Equateur le refuge autour du noyau ethnique fut de même avec l'Union Mongo (UNIMO) dirigée par Justin Bomboko, qui caressait également le rêve d'un empire Mongo. Rappelons ici qu'à cet effet l'ethnie Mongo s'étend sur une partie des provinces de l'Equateur, de Kinshasa et du Kasaï, et que l'UNIMO avait mis au point un plan de regroupement des Mongos, tel que le fit savoir le journal l'Essor du Congo dans son édition du 9 juin 1960.

Dans la province du Kivu, plus précisément le Maniema, il y eut également une intention de constituer un gouvernement autonome. Pour ce faire tous les territoires s'étaient reconciliés pour réaliser cela.

Puis au Katanga, deux faits importants incitèrent la Balubakat à envisager l'érection d'une province du Nord-Katanga. Il s'agissait de la situation posée par la décision du Parlement belge comportant modification des articles 110 et 114 de la loi fondamentale relatifs au quorum des 2/3, permettant ainsi la formation d'un gouvernement provincial homogène Conakat (Confédération des Associations Tribales du Katanga) d'une part et la répartition équitable des portefeuilles provinciaux proposée par la Conakat sur suggestion de Mr. Schoëller, promesse que la Conakat refusa d'honorer d'autre part. Outre la menace proférée par la Balubakat, la déclaration faite par le leader de la Conakat était loin d'apaiser la situation déjà explosive. Nous reproduisons ici les propos tenus par Moïse Tshombe : "...personne ne peut nous obliger, après le 30 juin, à suivre les autres partis s'ils ne respectent pas les principes de notre programme politique : Le Fédéralisme dans un Congo uni ..." (Courrier d'Afrique ; édition du 17 juin 1960).

Il convient après ce tour d'horizon de noter que le Mouvement National Congolais de Patrice Lumumba fut à cette époque le seul parti congolais qui défendait l'intangibilité des frontières coloniales issues de la Conférence de Berlin de 1885 et le maintien du leg de l'Administration coloniale centralisatrice, son parti fut le seul parti qui ne fut pas un parti ethnique, et qui refusa soit un retour aux frontières précoloniales, soit une unité dans la diversité sous la coupe d'un confédéralisme.

En connaissant tout ceci, il ne faut pas être étonné d'apprendre que quasi tous les groupes pré-politiques au Congo furent des associations ethniques ou des mutuelles ethniques qui exprimaient des opinions et programmes politiques, à titre d'exemple :
- *La Fédération kasaïenne de Léopoldville fondée en 1916*
- *La Société des amis de Kasongo Nyembo et de Kabongo en 1920*
- *La Compagnie des Batetela*
- *La Société des Basongye de Tshofe*
- *La Balubakat (Baluba du Katanga)*
- *La Fédération kwangolaise fondée en 1925*
- *L'ABAKO (Association des Bakongo) fondée en 1950*
- *L'ATACR (Association des Chokwe du Congo Belge, de l'Angola et de Rhodésie)*
- *La FEDEKA (Fédération des Baluba du Kasaï résidant au Katanga)*
- *La Fédération des Empires Lundas*
- *L'UNIMO (l'Union des Mongo)*
- *La CONAKAT (Confédération Nationale des Associations Ethniques du Katanga)*
- *La COAKA (Coalition de Kasaï)*
- *Les Lulua-Frères*
- *Le CEREA à Bukavu*
- *Etc.*

La grande majorité de ces associations ethniques s'activeront plus tard sur la scène politique, et pendant toute la période dite pré-indépendante des partis vont ainsi se créer, qui vont participer à trois consultations électorales, notamment :

1/ En décembre 1957 : Celle-ci ne concernait que les communes des grandes villes, c'est-à-dire Léopoldville (Kinshasa), Elisabethville (Lubumbashi) et Jadotville (Likasi). Quel constat pouvait-on faire ici ? Réponse : Ces résultats donnèrent lieu à des résultats marqués par l'appartenance ethnique.

2/ En décembre 1959 : Il s'agissait ici d'élections générales où le vote se portait sur des listes individuelles. Constat : Ici aussi l'orientation ethnique fut incontournable et remarquable.

3/ En mai 1960 : Des élections générales et provinciales eurent lieu. Constat : Ces élections furent également largement caractérisées par un caractère ethnique et régional qui influencera les résultats.

Donc, nul ne pouvait ignorer et négliger le fait que l'appartenance ethnique jouait un rôle prépondérant, et pourtant la Table Ronde belgo-congolaise mettra en arrière-plan cette réalité éclatante dans ce pays artificiel aux frontières arbitraires totalement conçues par la colonisation. La Table Ronde ne donnera pas à l'ethnicité sa juste place, ce qui induira son échec, et celui du Congo unitaire centralisé.

Tout ceci nous emmène à nous poser la bonne et saine question suivante : Pourquoi est-ce que la Table Ronde politique Belgo-Congolaise n'avait-elle pas suffisamment tenu compte de cette diversité ethnique, et surtout pourquoi n'a-t-elle pas tenu compte de la grande volonté de ces peuples à avoir une forme d'autonomie sous un simple Fédéralisme, ou sous la coupe d'un Confédéralisme souple et multiple ? Nous verrons cela plus tard. Mais abordons à présent le sujet de la naissance des différents partis politiques au Katanga dans cette atmosphère où les aspirations (con)fédérales et/ou séparatistes furent majoritaires.

La CONAKAT et le Confédéralisme Katangais

Au Katanga, depuis les premières élections communales de 1957 et les suites de celles-ci, un sentiment de frustration et de brimade se manifestait pour la première fois dans les milieux katangais. Ainsi donc naquit, pour la première fois dans l'histoire du Katanga, une volonté ferme de s'unir pour faire face à la fois à la très mauvaise politique de l'Administration et à l'influence grandissante des Baluba du Kasaï dans cette région du Congo.

A ce moment Moïse Tshombe contrôlait l'Amicale des Mutuelles de l'Empire Lunda, qui fut un groupement très actif sur le plan culturel. Ce fut un groupement qui jouissait d'un grand rayonnement grâce à sa défense des coutumes Lunda, grâce à ses expositions d'art traditionnel pour rendre vie à l'artisanat et le folklore Lunda. Donc, tout comme ce fut le cas pour Kasavubu avec l'ABAKO (Association des Bakongos), l'Amicale des Mutuelles de l'Empire Lunda, offrait des conditions excellentes à Moïse Tshombe pour transformer cette base ethnique en un électorat politique redoutable. Et à partir de cette base ce ne fut qu'un petit pas aisé pour favoriser une prise de conscience katangaise.

Ainsi l'idée de provoquer un choc solennel autour de cette prise de conscience katangaise fit son chemin, et le 30 Octobre 1958, au Foyer social de la Commune Albert, dans la banlieue d'Elisabethville, une première réunion constitutive autour de cette idée eut lieu. Une centaine de personnes s'y pressaient dans la salle pour y participer autour de Moïse Tshombe et son petit noyau dur. Ce noyau dur fut composé de :

- Godefroid Munongo, qui y apportait l'ascendant de son aïeul, l'illustre roi M'Siri

- Dominique Diur, cousin et camarade d'enfance de Moïse Tshombe, qui impressionnait l'auditoire par son intelligence et la modération de ses paroles

- Et finalement, Albert Niembo, Rodolphe Yav et Justin Méli qui figuraient la jeunesse et l'audace, et tous trois sortis de familles nobles.

L'auditoire fut composé de représentants Lundas, Bayéké, Chokwe et des Balubas du Nord-Katanga, et dès les premières minutes la proposition fusa de fondre les différents mouvements régionaux dans une Confédérations des Associations Katangaises, en abrégé CONAKAT.

Cette volonté de prise de conscience katangaise s'y était matérialisée par la naissance d'un parti politique : la CONAKAT. Ce parti groupait en son sein toutes les ethnies katangaises, à l'exception des Chokwe. A la tête de ce parti figurait Godefroid Munongo, petit fils du Roi M'Siri. Celui-ci ne pouvant assumer ses lourdes tâches politiques, en raison de leur caractère incompatible avec ses fonctions d'agent territorial, préférait se décharger de son mandat politique et ceci après l'avertissement et le rappel à l'ordre de l'Administration. Quant à Mr. Jason Sendwe, leader de la BALUBAKAT, il occupait au sein du Comité directeur de la CONAKAT, la vice-présidence. Quelques mois plus tard, Moïse Tshombe succéda à G. Munongo comme président du parti. C'est sûrement à partir de cet événement que les influences européennes se faisaient sentir. D'après ce qui se tramait dans les milieux de la CONAKAT, certains de ses conseillers belges auraient conseillé à Sendwe de divorcer avec la CONAKAT, faute de n'avoir pas pu assumer la direction du parti. Ces conseillers belges lui firent croire qu'un parti politique essentiellement Muluba du Katanga avait plus de chances de s'affirmer, en raison de l'importance démographique de l'ethnie muluba. Malheureusement Sendwe tomba dans ce piège et commis une grosse erreur.

Cette rupture prit aussitôt un aspect antagoniste. Elle opposait curieusement la droite à la gauche, ou en d'autres termes, les conseillers de la Conakat étaient considérés comme des hommes de droite et ceux de la Balubakat comme de gauche. Ainsi, ces conseillers belges réussirent dans leur but de saper l'union des Katangais jugée comme étant un danger pour l'aboutissement des structures unitaires d'un futur Congo indépendant. Les Belges réussirent ainsi à antagoniser éternellement deux vieux copains d'enfance, deux vieux collègues de l'école protestante de Kanene qui finirent, malgré eux, par se tirer les ficelles, notamment, Sendwe et Tshombe. Ainsi, le 10 novembre 1959, la BALUBAKAT avait définitivement rompu avec la CONAKAT. Il faut cependant noter qu'une bonne partie des Baluba, en ce qui me concerne, les plus intelligents et les plus visionnaires parmi eux, resta fidèle aux principes tracés par la Conakat et son président (Moïse Tshombe).

Cette Conakat qui avait auparavant pris naissance en 1958, fut en 1958 accueillie comme le reflet d'une transfiguration d'une alliance de l'UCOL, de l'Union Katangaise, de l'UPAK et aussi de l'ASSEKAT qui groupait les grandes sociétés. Ainsi, dès sa gestation, elle bénéficiait de l'appui matériel et politique de certains groupements européens du Katanga précités ci-haut, plus particulièrement de l'Union Katangaise patronnée par M. Achille Gavage. Les chefs d'entreprises, des juristes et des résidents européens qui la soutenaient avaient de l'influence très limitée en Belgique, ceci est très important de le souligner, mais ils avaient localement une capacité de pression très considérable. Au départ, elle se réservait à prendre des positions politiques marquées. Elle se contentait d'affirmer – comme ce fut le cas le 21 décembre 1958 lors d'une manifestation de bienvenue en l'honneur de M. Schoëller, vice-Gouverneur général – qu'elle entendait contribuer à la sauvegarde des intérêts de tous les Katangais et favoriser la cohabitation pacifique des Katangais Noirs et Blancs. Ce n'est que par la suite qu'elle adoptera une attitude politique très marquée.

Il convient de noter qu'à ce moment, la Conakat et Moïse Tshombe ne bénéficiaient pas du tout du soutien des milieux de la haute finance belge et européenne comme certains aiment à le prétendre, bien au contraire, à ce moment-là, Bruxelles et le reste de l'Occident voyaient d'un très mauvais œil toute aspiration confédérale au Congo belge. La Conakat et ses initiatives provoqua des vives réactions contradictoires chez les Européens. Les commerçants, fermiers, planteurs, et petits employés blancs, nés ou établis au Katanga depuis fort longtemps, partageaient totalement la défiance du Katanga contre Léopoldville et Bruxelles, car ils furent profondément attachés au Katanga qui était devenue leur première patrie, et dont ils voyaient les richesses et profits engloutis dans des constructions dispendieuses et dans une gestion lamentable dans la capitale. Ces katangais blancs voyaient depuis des décennies le budget général de la colonie dévorer les ressources du Katanga, et ils n'aimaient pas cela et se rapprochèrent de la Conakat qui fut étrangère à tout racisme et qui les accueillaient volontiers dans ses rangs puisque ces blancs constituaient à leur manière l'une des ethnies du Katanga. Par contre, l'Union Minière et la Haute Finance belge se montrèrent immédiatement hostile à la Conakat, car elle recrutait sa main-d'œuvre parmi les Baluba du Kasaï et redoutait un affrontement entre ceux-ci et les populations locales.

Donc, le soutien "blanc" pour la Conakat et Moïse Tshombe vint avant tout de blancs d'origine européenne nés et/ou vivant au Katanga, et qui avait élu le Katanga comme leur patrie, et qui aimaient profondément le Katanga et leurs leaders, dont les membres les plus influents furent :

Moïse Tshombe : Président général, beau-fils du Mwant Yav (Empereur des Lunda) et prétendant au trône

Godefroid Munongo : surnommé "l'homme fort", petit-fils de l'extraordinaire M'Siri (Roi des Bayéké)

Jean-Baptiste Kibwe

Evariste Kimba : représentant la communauté Muluba pro-Conakat

Le programme politique de la Conakat pouvait se résumer en deux points essentiels :

Le Confédéralisme, avec ambition légitime de réserver les rênes de commande politique entre les mains des katangais authentiques et de tous les hommes de bonne volonté. Et cette structure confédérale devait comporter les deux points suivants :

1/ Des Etats fédérés : autant   d'états qu'il y avait des provinces

2/ Un Etat confédéral : une fédération des Etats avec capitale administrative à l'intérieur du Congo, dans une zone neutralisée. Donc, Léopoldville (Kinshasa) devra être exclue comme capitale de la Confédération.

Une communauté Belgo-Congolaise, en matières monétaire, économique et politique. Dans cette communauté, tous les habitants stabilisés du Congo devaient jouir du droit de vote et d'éligibilité. En un mot, les Belges stabilisés ne devraient pas être considérés comme des étrangers, faute de quoi, tous les ressortissants des régions congolaises extérieures au Katanga   seraient donc considérés, eux aussi, comme étrangers.

Pour la Conakat la condition sine qua non pour la constitution d'un Congo confédéral résidait dans la représentation équitable et proportionnelle à l'importance économique de chaque Etat fédéré.

Ce que peu de personnes savent, c'est qu'il y eut en décembre 1959, au Congo, à Kisantu, un véritable Congrès, appelé le Congrès de Kisantu, qui réunissait les représentants des partis fédéralistes, et ces partis y avaient même décidé de l'appellation du futur Etat fédéral : Union des Républiques de l'Afrique Centrale.

En décembre 1959 il y eut au Katanga des élections communales. Ces élections furent une manifestation des forces entre les deux grandes formations katangaises, notamment la Conakat et la Balubakat. La Conakat sortit gagnante de ces élections avec 84 sièges par rapport à 30 sièges pour la Balubakat. Plus tard, lors des élections législatives de mai 1960, pour l'ensemble de la province, la Conakat obtint 37 sièges contre 23 sièges pour la Balubakat. Malgré ce succès clair et net, la Conakat se trouvait dans l'impossibilité, malheureusement, de procéder à la mise en place des institutions provinciales, la majorité des deux tiers n'étant pas atteinte. Ainsi, la tactique d'obstruction de la Balubakat, appuyée par certains conseillers belges de la gauche, rendait une fois de plus la tâche plus difficile à la Conakat. Mais la Conakat y arriva grâce aux amendements, par le Parlement belge, des articles 110 et 114 de la loi fondamentale portant sur le quorum.

Au Katanga, bien que le parti Balubakat se coiffait originellement d'une étiquette fédéraliste et qu'il participa avec Jason Sendwe, en décembre 1959, au Congrès des partis fédéralistes de Kisantu, et qu'il fit un revirement total pour s'opposer à la Conakat en suivant les conseils de certains conseillers européens, tout en recevant le ralliement de la FEDEKA (Fédération des Associations des Ressortissants Kasaïens au Katanga, qui craignaient une expulsion du Katanga en cas de victoire du fédéralisme) et celui de l'ATCAR (Association des Chokwe du Congo, de l'Angola et de la Rhodésie), qui fut un petit parti, sans statut politique (2 sièges sur 60 lors des élections provinciales de mai 1960), exclusivement tribal, au même titre que la Balubakat, et qui était tout simplement dictée par une opposition pure et simple à la domination des Lunda, car au sein de la Conakat les Lunda et les Bayéké jouaient un rôle moteur, la Conakat fut clairement au Katanga la force dominante avec son courant confédéraliste.

A titre d'information, les membres influents de la Balubakat furent Jason Sendwe, Président général, Rémy Mwamba et Prosper Mwamba Ilunga ; le membre influent de l'ATCAR fut Ambroise Muhunga, et ceux de la FEDEKA furent Isaac Kalonji, Président général et Mr. Lundula.

Donc, on vient de voir que le Katanga aspirait, en grande partie, vivement à un accès au fédéralisme très poussé, ou en d'autres mots, au Confédéralisme. Alors, pourquoi est-ce que la Table Ronde politique Belgo-Congolaise n'a-t-elle pas tenu compte de cette aspiration du Katanga ?

Et notons que la CONAKAT eut de nombreux alliés.

Le MNC-Kalonji fut une formation politique dissidente du MNC-Lumumba basée exclusivement sur l'ethnie Muluba. Il s'est étendu au Katanga, plus particulièrement à Élisabethville (Lubumbashi) en raison du nombre important des Baluba dans cette localité. Le MNC-Kalonji, comme la CONAKAT, était un parti confédéraliste. Aux élections provinciales, il eut, comme le MNC-Lumumba, le privilège d'enlever 1 siège qui permit à la CONAKAT de distendre son actif électoral. En signe de reconnaissance,

Cléophas Mukeba, membre de ce parti, fera partie de l'équipe ministérielle dirigée par M. Tshombe.

Outre ces formations politiques précitées, il faut également citer l'Union Congolaise (alliée du Cartel Balubakat), dirigée par M. Kitenge, et qui s'était adjugé deux sièges aux élections provinciales. Ce parti, nous le verrons plus loin, s'était rallié, le 18 juillet 1960, à l'indépendance du Katanga et son président eut l'honneur de faire partie de l'équipe gouvernementale dirigée par M. Tshombe.

L'échec de la Table Ronde politique Belgo-congolaise de Bruxelles

Il est clair que déjà avant les travaux de la Table Ronde politique de Bruxelles, plusieurs tendances s'étaient réduites à deux antagonismes inexorables dont les conséquences, nous le verrons plus loin, seront hideuses. Les structures politiques devant revêtir le nouvel Etat étaient à l'origine de la convulsion politique qui opposait les 'unitaristes' aux "fédéralistes."

Le groupe "unitariste" comprenait un certain nombre de formations politiques favorables à l'Unité du Congo. Nous citons entre autres : le M.N.C de Lumumba comme élément moteur, le CEREA de Kashamura, le Parti du Peuple, etc. Dans la conception de ces partis l'idée motrice était la constitution d'un Etat fortement centralisé dans lequel les provinces ne seraient que des subdivisions administratives ne jouissant d'aucune prérogative autonomiste. C'est dans cette optique que Lumumba exigea plus tard, à la Table Ronde, la restitution du Congo tel que la Belgique l'avait reçu, en 1908, de la main de Léopold II ; j'ai bien dit "plus tard", car Lumumba ne fut pas présent au début des travaux de la Table Ronde, il y sera invité plus tard en plein milieux des travaux. Nous verrons plus loin dans cet ouvrage où il se trouvait à ce moment-là, et qui l'avait invité et surtout pourquoi.

Par contre, le groupe des fédéralistes, composé du Cartel fédéraliste de Kisantu (Abako, PSA, MNC-Kalonji, PNP, etc.), de la CONAKAT et des chefs coutumiers, fut largement majoritaire. Notons que déjà en plein travaux de cette Table Ronde, les délégués de la CONAKAT ne cessaient de brandir, à plusieurs reprises, la menace de la proclamation de l'indépendance du Katanga et rendirent public un nombre de télégrammes leur parvenant du Katanga. Le premier télégramme était ainsi libellé : "Le Katanga bouge. La Table Ronde est inutile. Les masses katangaises estiment que la solution est l'indépendance du Katanga." Un autre télégramme adressé à M. Tshombe par un groupe de 32 européens du Katanga disait notamment : "si échec Table ronde, restons derrière vous pour avenir Katanga indépendant..." A plusieurs reprises le Katanga brandissait la menace d'une indépendance du Katanga si la Belgique lors de la Table Ronde ne ferait pas des concessions dans le sens du Fédéralisme.

Ainsi donc, l'atmosphère, sans exagération, était tendue, ce qui permit d'ailleurs à certains observateurs passionnés par le problème congolais de spéculer sur les chances de réussite du processus belge de décolonisation. Certains s'attendaient à une désagrégation générale du Congo, analogue à celle de l'ancienne Afrique Equatoriale (et Occidentale) Française, devenue aujourd'hui la République Centrafricaine, Congo-Brazzaville, Gabon, Cameroun, Tchad, etc. Cela signifiait à première vue que chaque province du Congo devait, au 30 juin 1960, se considérer comme une entité indépendante. Si l'idée paraît bonne dans sa conception, elle était loin d'épouser les vues d'hommes politiques et de certains milieux d'affaires belges. Car la Belgique ne pouvait absolument pas opter pour une telle politique visant le Confédéralisme au Congo, et ceci pour la simple et bonne raison suivante, elle ne sous-estimait pas le grand risque réel de voir un grand nombre de ces entités indépendantes s'échapper ainsi de son contrôle économique et politique ; voilà la simple et réelle vérité, un état unitaire présentait pour la Belgique des solides garanties quant à l'unité économique belge et occidentale au Congo. Sur ce point, le grand et magnifique, M'Siri Godefroid Munongo ne cessait de critiquer l'attitude du gouvernement belge de vouloir imposer une unité factice et forcée au profit de grosses sociétés belges. Voilà la vérité toute crachée.

Il est clair que le concept confédéral aurait mis fin à la domination et au contrôle du Congo par la Belgique et l'Occident de ce grand pays dont l'étendue territoriale est supérieure à celle de l'Europe occidentale (sans pays scandinaves), en épinglant Kinshasa (Léopoldville) sur Bruxelles, l'embouchure du Congo se trouverait, selon M. Van Bilsen, en Angleterre, le Nord-Est de l'Ituri dans les pays baltes, le Rwanda-Urundi en Russie occidentale et le Haut-Katanga dans les Balkans ! Et dans un grand pays monstre et artificiel pareille, il y a une étonnante bigarrure d'ethnies souvent marquées par des querelles tribales traditionnelles, les unes sous domination d'autres, où il y a une diversité linguistique énorme, où les difficultés ou le manque de moyens de communication furent terribles, et surtout où d'une façon flagrante, l'impréparation des hommes pouvant assurer politiquement et administrativement la relève de l'autorité coloniale et sa chicotte était réelle ; tous ces facteurs auraient dû faire l'objet d'une réflexion sérieuse lors de la Table Ronde et auraient dû faire pencher vers un avis en faveur du confédéralisme.

De surcroît, on peut se permettre de dire que mêmes les autorités qui administraient sur place la Colonie belge, se sont rendues compte des difficultés éprouvées de pouvoir diriger cet immense pays à partir d'un point quelconque. Ainsi, Mr. Pétillon, ancien gouverneur général du

Congo Belge et du Rwanda-Urundi, devenu Ministre des Colonies, disait : "Le Congo n'est plus à la mesure d'un seul homme." On ne peut être plus clair.

Mr. Cornélis, lui aussi, Gouverneur général, s'était exprimé dans le même sens : "Le Congo est trop grand pour être administré sainement d'un point quelconque de son territoire. Ses problèmes économiques et politiques sont trop vastes et trop différents pour recevoir une solution unique. Ses ethnies sont trop diverses pour espérer pouvoir les réunir volontairement..."

En sus, l'accentuation des problèmes communautaires et linguistiques en Belgique aurait pu susciter une référence honorable pour pouvoir décider de l'avenir du Congo en faveur du confédéralisme, mais non, la Table Ronde en décidera autrement. E. Lefever écrit notamment, dans "Uncertain Mandate : Politics of the U.N. Congo Operation", que la situation politique du Congo était une manœuvre tendant à exiger une présence encore beaucoup plus importante des belges au Congo et les permettre de conserver leurs postes au sein d'un Congo unitaire indépendant.

Donc, le destin du Congo devait ainsi reposer entièrement sur cette fameuse Table Ronde belgo-congolaise de Bruxelles. Malheureusement, celle-ci admettra plus tard, malgré que la grande majorité des délégations congolaises exigèrent le Confédéralisme, que le Congo restera unitaire, tout en promettant une large décentralisation, mais en réalité, il ne s'agissait ici que d'un modus vivendi tendant à calmer les esprits survoltés dans les rangs des Fédéralistes. De cette trahison, de cette manipulation, de ce jeu insensé à la Table ronde résultera plus tard au Katanga une effervescence logique et prévisible que personne n'a pu arrêter. Les travaux de la Table ronde avaient échoué avec brio. D'ailleurs, sont échec fut entièrement prévisible, car il y eut un prélude à cet échec.

Ce prélude fut le Colloque de la Haute Administration, qui eut lieu en 1959, durant le mois d'août, plus précisément le 10,18, 23 et 25 août. A cause des insurrections, au Congo, de janvier 1959, et la déclaration du roi et du gouvernement belge du 13 janvier qui s'en suivirent, annonçant une indépendance proche pour le Congo, il fallait maintenant donner des perspectives claires et sûres pour cette indépendance.

A ce moment-là, une personne eut la confiance des Congolais pour ce faire, notamment Mr. Maurice Van Hemelrijck, qui fut en 1958 et 1959 Ministre du Congo Belge et du Ruanda-Urundi, il fut appelé "le Ministre de l'Indépendance". Mais fort curieusement, à la grande insatisfaction générale des congolais, le Ministre Van Hemelrijck va être défenestré de ses fonctions. Ceci va fortement crisper les relations entre les congolais et le gouvernement belge, les congolais voyant d'un très mauvais œil l'écartement de Mr. Van Hemelrijck. La présence de Van Hemelrijck était pour eux comme une garantie pour qu'ils soient étroitement associés à tous les travaux et avancées vers cette indépendance.

Ainsi, pour décrisper toute cette situation très tendue, il faut décider d'engager l'opinion congolaise à des élections communales et territoriales de décembre 1959, et bien avant cela, l'Administration coloniale belge, lança des colloques pour approcher les différents partis politiques congolais.

Ce qu'il faut noter, c'est que ces colloques furent un échec total, car ils furent boycottés par le Cartel ABAKO-PSA, le MNC/Kalonji, le MNC/Lumumba et le Parti du Peuple. La grande majorité des partis congolais refusèrent tout simplement le caractère consultatif de ces colloques, qui ne furent que pour eux des petites réunions de conversations inutiles.

Voilà le contexte dans lequel on se trouvait, et plus tard, les élections communales et territoriales de décembre 1959 ne feront que révéler, au grand dam des belges, le succès implacable des partis indépendantistes ou (con)fédéralistes. Et ce sont ces partis-là qui vont exiger que devra se tenir plus tard une Table Ronde, et non pas une Table rectangulaire, où chacun sera assis à pied d'égalité.

Ainsi, la fameuse Table ronde belgo-congolaise, aussi appelée Table ronde de Bruxelles, fut organisée en 1960 à Bruxelles, en deux parties, notamment du 20 janvier au 20 février, et du 26 avril au 16 mai. Parmi les participants aux débuts des travaux de cette Table ronde, on peut citer, entre autres, les mouvements politiques congolais suivants et leurs leaders :

CONAKAT (Confédération des Associations Tribales du Katanga) : Moïse Tshombe, J-Baptiste KIBWE.

Union des Bateke : Pierre Mombele (membre suppléant du PNP)

Parti Solidaire Africaine (P.S.A.) : Cleophas KAMITATU ; Sylvain KAMA ; Justin MATITI.

Parti du Peuple : M. Alphonse NGUVULU.

Fédération Générale du Congo (F.G.C.) : M. Henri KASONGO.

Alliance des Bayazi (ÀBAZI) : M. Gaston MIDU.

ABAKO (Alliance des Bakongo) : Edmond Nzeza-Nlandu, Joseph Kasa-Vubu et Daniel Kanza

MNC-Kalonji : Albert Kalonji et Joseph Iléo Alphonse ILUNGA ; Albert DELVAUX ; Antoine LOPES ; André ANEKONZAPA ; Paul BOLYA ; André-Marie EDINDALI ; Fernand ESSANDJA; Léopold LIKINDA; Sylvestre MU-DINGAYI.

Centre de Regroupement Africain (CEREA) : M. Anicet KASHAMURA

Association des Ressortissants du Haut (ASSORECO) : M. Jean BOLIKANGO.

Alliance Rurale Progressiste : Gervais BAHIZI ; SANGARA.

Baluba du Katanga (BALUBÀKÀT) : Jason SENDWE, Remy MWAMBA.

Union Congolaise : M. Gabriel KITENGE.

Puis toute une série de Chefs coutumiers congolais, et une panoplie de conseillers de ces mouvements politiques, dont les plus importants furent : Abako : M. J. VAN BILSEN / M.N.C.(Kalonji) : M. J. GERARD-LIBOIS / Parti du Peuple : M. PERIN / P.S.A. : Mme SPITAELS-EVRARD / F.G.G. : M. LACOURT / BALUBAKAT : M. A. DOUCY / UNION MONGO : Mme P. BOUVIER / P.N.P. : MM. H. SIMONET, LE BRUN, CAMBIER. / CONAKAT : M. HUMBLE.

Au sein des représentants de la Belgique, on peut citer, entre autres, les personnalités suivantes :

- *Le Premier ministre Gaston Eyskens*
- *Auguste de Schrijver, ministre du Congo belge et du Ruanda-Urundi*
- *Arthur Gilson, ministre de la défense nationale*
- *Pierre Harmel, ministre de la Fonction publique*
- *Albert Lilar, vice-Premier ministre*
- *Laurent MERCHIERS, Ministre de la Justice.*
- *René LEFEBVRE, Ministre de l'Intérieur*
- *Etienne Davignon, à l'époque jeune attaché aux affaires étrangères*
- *Conseillers du Vice-Premier Ministre : MM. A GOLDSCHMIDT, Chef de Cabinet ; J. BRASSINNE*
- *Etc.*

Alors, on peut ici faire déjà trois grands constats, trois constats d'une très grande importance.

Premièrement il y a deux noms de personnalités congolaises à qui l'on a toujours attribué le titre de patriarche de l'indépendance du Congo, qui ne figurent pas sur cette liste et qui ne participèrent pas aux travaux de cette table ronde, notamment : Justin-Marie Bomboko, et Antoine Gizenga.

Deuxièmement, il y a un grand absent sur la liste des participants au début des travaux de la Table ronde, n'avez-vous pas remarqué qu'il y a un grand absent, un absent de taille, dont il est peu connu qu'il y fut absent lors du démarrage des travaux de la Table Ronde de Bruxelles, notamment : Patrice Emery Lumumba ! Tiens-tiens ! Pourquoi ? Quelle en fut la raison ?

Troisièmement, la Belgique avait en sa possession tous les indices s'offrant à elle pour donner au futur Congo une orientation confédérale, qui fut la plus logique, la plus évidente et la meilleure des solutions, mais elle n'en voulait pas. Ainsi, pour torpiller les aspirations du camp majoritaire, le camp des Fédéralistes, il fallait coûte que coûte que la Belgique réussissent à diviser ce camp, et à trouver une alliance, on peut dire contre nature, auprès des nationalistes congolais qui furent anti-fédéralistes. Malheureusement, la Belgique va réussir dans ce stratagème en visant l'isolation totale à cette Table des confédéralistes katangais au sein de la CONAKAT, et ceux du Sud-Kasaï regroupés au sein du MNC-Kalonji. Comment va-t-elle réussir à faire cela ?

La vérité est que pour ce faire, premièrement, la Belgique va s'appuyer sur Patrice Emery Lumumba. Lumumba aurait été à l'origine une trouvaille d'Auguste Buisseret, naguère ministre des colonies belges. L'entrée en politique de Lumumba s'est faite sous les auspices des Libéraux belges, de la droite belge. Eh oui, sous les auspices de la droite belge. Il faut le savoir, lisez pour cela les travaux de l'auteur Jean-Claude Williame. Dans le chef-lieu de la province Orientale où il travaille aux PTT (la Poste), il y a une section du parti libéral belge auquel Lumumba adhère. C'est Buisseret qui est en fait son parrain. Ce dernier, lui fera, lors de son voyage en Belgique, rencontrer le roi Baudouin. Et ce sont ces-mêmes libéraux belges qui lui trouveront plus tard du travail dans la capitale.

Mais, notons au passage l'histoire suivante que cet ex-agent secret militaire belge, Mr. André Moyen (Capitaine Freddy) m'a raconté au sujet de cette période où Lumumba travaillait aux PTT dans la province Orientale, histoire qui reste à vérifier, mais il m'a dit ceci : «Vous savez monsieur, à ce moment-là, j'avais un très bon ami à moi, un belge, qui travaillait là-bas, dans la région de Lumumba, son nom est Mr. Lejeune Léon, à ce moment-là, il recevait beaucoup de plaintes comme quoi beaucoup de personnes âgées dans les campagnes, dans la brousse, ne percevaient ou ne recevaient plus leurs pensions, en remontant la piste, pour voir qui en était à l'origine, il est tombé sur Mr. Patrice Lumumba qui était à l'origine de ce détournement de fonds, et je peux vous dire que Mr. Lumumba avait été par après arrêté pour ces faits, qu'il a été coffré, et qu'il avait reçu 12 mois de prison. Et c'est en prison qu'on est venu chercher Mr. Lumumba, pour qu'il devienne plus tard votre Premier Ministre du Congo. Voilà, une vérité, on a sorti votre Premier Ministre de prison pour en faire un leader de votre pays ».

Cette même information, que Lumumba fut emprisonné pour détournement de fonds, a d'ailleurs été relayée, devant les membres de la Commission d'enquête parlementaire belge au sujet de la mort de Lumumba, par Mr. Albert Onawelho, à l'époque Président du parti MNC/Lumumba, confident et secrétaire privé de Lumumba, et de surcroît membre de famille de Lumumba: « Lumumba fut emprisonné en juin 1957, et il est mis, avant d'avoir purgé sa peine, en liberté conditionnelle grâce à l'intervention du ministre belge des Colonies, Mr. Buisseret, ce qui lui permettra de faire des contacts politiques nécessaires à Léopoldville (Kinshasa), plus tard Lumumba est à nouveau mis en prison et sortira de prison pour se rendre à la table ronde belgo-congolaise de janvier 1960, à Bruxelles, ce qui lui permettra à nouveau de faire les contacts politiques nécessaires en Belgique. » Donc, la Belgique a sorti de prison l'un de ces pions du moment pour que celui-ci vienne assister à la Table Ronde pour y servir leur agenda du moment, notamment en aucun permettre des autonomies ou le Confédéralisme au Congo, et assurer la pérennité du système Administratif colonial centralisateur sans que l'on puisse toucher aux frontières coloniales de la Conférence de Berlin. A ce moment-là, Lumumba est le pion des belges, ce n'est que plus tard que les liens entre les capitalistes/libéraux belges, disons la Belgique tout court, vont se broyer. Mais à ce moment-là, Lumumba se sert des belges pour sa carrière politique, et les belges se servent de Lumumba pour leur agenda à eux, et ainsi ils feront de Lumumba le futur Premier Ministre du Congo indépendant.

Deuxièmement, la Belgique promet la Présidence du pays à l'aile la plus dure, l'aile qui revendiquait à l'origine l'indépendance pure et simple de sa région, notamment les Bakongo regroupés au sein de l'ABAKO, qui vont totalement se faire amadouer quand on leur proposa la Présidence de tout le pays par l'appointement de Kasavubu comme Président de la République.

Bien évidemment, tout ce stratagème développé et cette issue de la Table Ronde de Bruxelles va conduire le Katanga et le Sud-Kasaï vers une conscience politique supérieure en faveur du Confédéralisme et une autonomie. Ceci va résulter au Katanga à ce qu'on peut appeler La Katanganité. Car, le peuple katangais avait encore en vive mémoire ses arguments poignants lui permettant de plein droit de revendiquer une autonomie. Le peuple katangais était bien forgé autour de cette Katanganité qu'elle peut revendiquer sur deux plans bien précis, notamment tant sur le plan historique, que sur le plan juridique. Cet isolement et cette humiliation de la CONAKAT qui se retrouva piégée à la Table Ronde de Bruxelles ne va que réveiller et enflammer davantage la flamme de cette Katanganité.

On peut aisément dire que la Table ronde belgo-congolaise n'a été en toute vérité qu'un joli paravent destiné à servir de refuge aux autorités coloniales qui avaient tout intérêt à maintenir le statu quo. Votée par le Parlement belge et sanctionnée par le Roi des Belges le 19 mars 1960, la Loi Fondamentale, dictée par l'ancien maître de la colonie, d'une manière la plus ambiguë possible, définissait, d'une manière tout aussi ambiguë, la structure juridique du nouvel Etat du Congo, en ayant sciemment écarté la tendance Fédéraliste majoritaire.

Voyons dans les prochains chapitres ces aspects historiques et juridiques sur base desquels le Katanga est en plein droit d'exiger, au minimum, le Confédéralisme au Congo, voir son Indépendance pure et simple si ce Confédéralisme ne lui est pas accordé.

La Katanganité sur le plan historique et juridique : face à la Conférence de Berlin

Beaucoup d'historiens avancent la date de 1482 comme la première étape de la pénétration européenne en Afrique Centrale, avec le portugais Diego CAM qui fit élever sur la rive gauche de l'estuaire du fleuve (Congo) une stèle aux armes du Portugal, qu'il nomma Rio-de-Padrao, mais l'on peut aisément considérer la date de 1876 comme celle du début du processus de la création de ce qui deviendra plus tard l'Etat du Congo.

C'est vers cette date que les Européens commençaient à s'intéresser à l'Afrique Centrale, et non pas les gouvernements européens, mais plutôt des européens avec des initiatives et motivations privées. Ce sont ces explorateurs aventuriers qui vont attirer l'attention des gouvernements européens, et qui seront le moteur de la convocation de la fameuse Conférence Géographique de Bruxelles qui eut lieu du 12 au 19 septembre 1876. Cette Conférence réunissait des délégués de six nations: Allemagne, Autriche-Hongrie, Grande-Bretagne ; France, Italie et Russie. Petit détail, il n'y avait pas de délégués belges, bien que cette Conférence ait lieu à Bruxelles !

C'est à cette Conférence qu'il fut émis l'idée d'aller planter en Afrique Centrale l'étendard de l'ethnocentrisme occidental. Toutefois, il s'agissait ici d'une réunion privée qui n'avait aucun caractère officiel. La composition des délégués présents consistait de savants, explorateurs, géographes, hommes d'affaires et hommes politiques, qui recherchaient la gloire, le prestige et des gains mercantiles en étant les premiers à parcourir les régions inaccessibles de l'Afrique Centrale.

De cette Conférence naîtra plus tard l'A.I.A. (l'Association Internationale Africaine), chargée de la continuation de l'œuvre entreprise.

Dans la suite de leurs travaux, l'A.I.A. se transforma en le Comité d'Etudes du Haut-Congo (en 1878), dont l'objectif fut l'étude des richesses et ressources situées dans le fleuve Congo et son bassin.

Plus tard, ce Comité se transforma à son tour, en 1882), en l'A.I.C (l'Association Internationale du Congo), qui se donna la mission de civiliser l'Afrique et de l'ouvrir au Commerce.

Pourquoi toutes ces transformations ? Le Roi des belges, Léopold II, voulait que l'œuvre ait une structure internationale, et dans les faits, toutes ces

Associations et Comités finirent par appartenir en propre au Roi Léopold II qui assurait la présidence de la "Commission Internationale", qui fut l'organe suprême et exécutif de l'Association Internationale Africaine, et donc à l'origine de toutes les futures transformations.

Mais c'est au moment de la mise en place de l'Association Internationale du Congo (A.I.C), que les puissances occidentales vont vraiment commencer à s'y intéresser fortement, car dès sa création cette société se constituera en vraie puissance territoriale visant un but politique, notamment la conquête par la force de ces territoires en toute souveraineté. Et c'est à ce moment-là qu'un problème se posa, notamment : Est-ce qu'une simple compagnie privée, l'Association Internationale du Congo, pouvait à elle toute seule posséder des terres en toute souveraineté ?

Conséquence : le Portugal et la France, qui occupaient des contrées voisines, s'opposaient au droit à l'A.I.C. d'acquérir des possessions, et le Portugal se réclamait des droits remontant à 1484, avec Diego CAM. Ainsi, Lisbonne commença une campagne de contestation contre l'entreprise de Léopold II, et la Grande-Bretagne témoigna de la sympathie envers le Portugal. Résultat : Le Portugal signa avec l'Angleterre le traité du 26 février 1884, lequel reconnaissait au Portugal, la possession des deux rives du fleuve Congo et celle de la côte atlantique entre 5° 12 et 8° de latitude sud. Mais, la France et l'Allemagne refusèrent de reconnaître ce traité et devinrent des alliés de l'A.I.C. de Léopold II. C'est ici, qu'en fin stratège, Léopold II se tourna vers les Etats-Unis d'Amérique, en se justifiant sur les réminiscences libériennes, tout en proclamant, qu'il souhaite constituer en plein cœur de l'Afrique Centrale "une confédération de tribus nègres" sous son protectorat, avec la promesse d'une liberté commerciale. Et, le 22 avril 1884, les Etats-Unis d'Amériques finissent par reconnaître le drapeau de l'Association Internationale du Congo (A.I.C.) comme le drapeau d'un Etat souverain et ami. L'A.I.C trouva un arrangement avec la France au sujet de ses stations fondées dans la vallée du Kwilu-Niari, et la France reconnaissait par cet acte de facto la capacité internationale de l'A.I.C.

Donc, notons au passage, que jusqu'ici, la Belgique n'entre pas en jeu. Nous avons une Association Internationale privée sous protectorat de Léopold II avec la promesse de faire de cette zone un marché de commerce libre. Bien évidemment, tout ceci ne fut qu'une belle ruse, l'A.I.C. n'avait que l'appellation "internationale" pour dérouter l'opinion publique en Belgique et à l'étranger.

Toutes ces tractations et rivalités, seront les causes lointaines de la convocation de l'infâme Conférence de Berlin qui se tiendra du 15 novembre 1884 au 26 février 1885. Cette Conférence de Berlin va réunir 14 nations : Allemagne, Autriche-Hongrie, Belgique, Danemark, Espagne, Etats-Unis, France, Grande-Bretagne, Italie, Pays-Bas, Portugal, Russie, Suède, Norvège et Turquie.

Mais, au moment où l'Association Internationale du Congo fut reconnue, ou en d'autres mots, au moment de la naissance de l'Etat Indépendant du Congo, son territoire fut totalement constitué par une multitude d'Empires, Royaumes, Sultanats, et groupes ethniques aux lignages claniques. La réunion de tous ces ensembles va donner lieu à toute une série de traités, d'achats, et d'occupations "pacifiques." Ainsi, le premier royaume à faire partie du territoire de l'A.I.C. fut le Royaume Jongo (à l'embouchure du fleuve). En effet, le chevalier portugais, Diego Cam, jeta l'ancre à l'embouchure d'un grand fleuve que, dans sa langue, on appela "Zaïre", déformation du nom "Nzadi" que les habitants du pays utilisaient pour désigner le fleuve. Ce dernier sera, plus tard, remplacé par le nom "Congo". Puis par la suite le Royaume Kongo (sur les deux rives du fleuve), puis en remontant le fleuve, en suivant la Sankuru, la rivière Kasaï, l'A.I.C. arriva à pénétrer les territoires, arriva à signer des traités, à acheter les territoires ou à les occuper. Ainsi, l'A.I.C. annexa et s'appropria le Royaume Kuba situé entre le Kasaï à l'ouest, la Sankuru au nord et la lulua au sud, puis le Royaume Luba situé entre la Lubilash et la Bushimai (Haut-Sankuru) à l'ouest, la Lomai jusqu'au Maniema au Nord, la Luvua et la Luapula à l'est. Dans le Nord, les Sultanats Zandé et Mangbetu installés de part et d'autres de la Uélé, furent soumis, conquis et accaparés, etc.

Or, nous ouvrons ici une très grande parenthèse, au moment de la Conférence de Berlin et aux termes de la Conférence de Berlin, il y a certes un territoire qui n'est pas encore, ni conquis, ni acheté, ni cédé par traités avec les Chefs Traditionnels, ni occupé pacifiquement par l'A.I.C., son drapeau ni flotte pas, son drapeau n'y a pas encore été planté officiellement et reconnu. Ce territoire, c'est le territoire du Katanga !

Car, sur le plan historique, on peut aisément affirmer que le Katanga est tissé à partir d'un héritage solide, d'une histoire qui remonte loin dans le temps et qui est en même temps scellée dans les temps modernes par la succession de trois Etats-Royaumes, notamment Lunda (Ruund), Kasongo-Luba et Yéké. Ainsi le Grand-Katanga est composé de ces Royaumes-

Unis, que l'on pourrait dénommer comme les Royaumes-Unis du Grand-Katanga, qui ont toujours eut une socialisation hautement structurée au sein de leurs frontières. Par conséquent le Katanga est une réalité humano sociale bien concise et pas du tout un conglomérat géographique issu de la colonisation, mais une Confédération de groupes sociaux bien homogènes qui ont une histoire commune qui remonte loin dans le temps, histoire qui est d'ailleurs fortifiée par des liens de sang et des mariages entre différentes monarchies.

Ainsi, quant à la composition proprement dite de sa population, le Katanga compte de nombreuses tribus bigarrées qui, avant la naissance des partis politiques, se trouvaient regroupées au sein d'associations et mutuelles à étiquette ethnique, et dont les buts furent d'ailleurs exclusivement ethniques. A titre d'exemple on peut citer entre autres les Lunda (Ruund), Bebemba, Baluba, Basanga, Bayéké, Batabwa, Lwena, Ndembo, Chokwe, Basonge, Mingungu, etc. Et toutes ces ethnies sont groupées, en majeure partie, au sein de deux empires, notamment l'Empire Lunda et l'Empire Kasongo-Luba, et un Royaume, notamment le Royaume Yéké, et ces trois monarchies se sont toujours considérées comme associées par non seulement un destin commun, mais aussi par des liens sanguins qui unissent ces trois monarchies depuis fort longtemps.

Détail assez piquant, la période coloniale a elle-même très clairement démontré cette spécificité katangaise incontournable, car quand l'Etat du Congo colonial fut fondé en 1885 à la Conférence de Berlin, le Katanga ne fit pas partie de cet Etat du Congo, qui ne devait que son existence qu'au résultat d'une entreprise individuelle du roi Léopold II (1835-1909). Ce roi Léopold II et ses hommes ont, à l'époque, soumis à leur dictature tout un ensemble de royaumes, empires, sultanats, groupes ethniques, clans ou lignages (cf. La fameuse Conférence Géographique de Bruxelles qui eut lieu en 1876 et celle, Internationale, de Berlin [1884 – 1885]). Dans tous les cas étaient concernés, sur place, des groupes sociaux bien homogènes qui, suite au découpage dont ils ont été victimes se trouvaient, parfois, aujourd'hui, englobés dans plusieurs unités étatiques différentes. Et répétons-le, à ce moment-là, au moment de la Conférence de Berlin, le Katanga ne fait pas partie de la carte géographique de l'Etat du Congo, il est territoire non conquis.

Il est très important de souligner ceci, car pour bien déterminer et analyser d'une manière plus ou moins rapprochée les origines de la sécession katangaise, il nous faut, non seulement retracer les causes immédiates mais aussi remonter à l'époque de l'arrivée de l'homme blanc sur le sol "Katanga" et démontrer les conditions historiques qui avaient créé un esprit katangais, c'est-à-dire le comportement des Chefs Traditionnels à l'égard de l'étranger. Cet aspect historique est important pour démontrer le rapprochement des faits historiques avec l'attitude des leaders katangais devant les structures politiques unitaires du Congo. Et, il est impossible de nier les liens historiques, familiaux, économiques et sociaux qui existaient entre les ethnies qui forment le Katanga.

Pendant que les autres peuples de l'Afrique centrale et du bassin du fleuve Congo furent déjà soumis à la colonisation et conquis, le Katanga quant à lui résistait encore farouchement. Les monarques Lunda, Luba et Yéké, et leurs sujets résistaient encore corps et âmes à la tentative de les soumettre et de venir les déposséder de leurs terres. Les Royaumes-Unis du Katanga résistaient lorsque les belges et les anglais, les uns au Nord, les autres au Sud, essayèrent de mettre main-basse sur le Katanga, ils se heurtèrent à une résistance opiniâtre des empereurs, plus particulièrement de M'SIRI, le faramineux roi des Bayékés. En somme, ce Royaume ne fut pas vaste, il s'étend dans la région de Likasi (Jadotville) et groupe deux ethnies : Bayéké et Basanga. M'Siri s'opposa farouchement à l'expansionnisme de l'Etat Indépendant du Congo de Léopold II. Cette résistance n'était autre que le refus catégorique de signer les traités d'abandon de la souveraineté, et ceci, malgré de nombreux marchandage et corruption de tout genre, alors que dans le reste de l'Etat Indépendant du Congo, les belges, Stanley et consorts, avaient réussi, sans aucune entrave, à faire signer des milliers de traités. Chez M'Siri, la résistance était beaucoup plus rébarbative, il y eut une série d'échecs pour le faire signer, tous les représentants, qu'ils furent belges ou britanniques étaient sommés de rebrousser chemin sous escorte des guerriers Bayékés.

Après cette série d'échecs les belges tentèrent encore quatre expéditions qui atteignirent Bunkeya, la capitale des monarques Yéké : Le Marinel en avril 1891, Delcommune en octobre 1891, Stairs en décembre 1891 et l'expédition Bia, Francqui et Cornet en 1892.

Là où tout le monde échouait, le capitaine Stairs y parvint en 1891, non sans difficultés, à renverser la tradition. Stairs planta, par force, sur un sommet d'une colline proche le drapeau étoilé de l'Etat Indépendant du Congo, et la capitale Bunkeya fut attaquée. M'Siri, vieilli, n'avait qu'une solution, quitter sa capitale pour se retrancher dans un village proche où se trouvait une de ses épouses Maria Da Fonseca, une mulâtresse d'origine portugaise, en vue d'y préparer la résistance. Poursuivi jusque-là, il fût abattu lâchement dans le dos par le capitaine Bodson, qui fût à son tour descendu par un des fils de M'Siri, Masuka. La mort de M'Siri marqua la fin de la résistance Yéké. Sa raideur et son opposition à l'abandon de la souveraineté au profit de l'Etat indépendant du Congo lui coûtèrent la vie. Son territoire était ainsi occupé militairement et lorsque le Conseil des Anciens désignait son successeur Mwenda Katanika, les belges l'écartèrent du trône, parce qu'il ne se montrait pas assez souple. On peut donc aisément affirmer que le Katanga ne fut que colonisé en l'an 1891, donc 6 ans après la clôture de la Conférence de Berlin. Et notons ici, entre parenthèse, que le petit-fils de M'Siri, Godefroid Munongo, surnommé "l'Homme Fort", deviendra plus tard l'un des leaders de la CONAKAT et le Ministre de l'Intérieur de l'Etat Indépendant du Katanga.

Chez les Lundas, la résistance était moins marquée. Si le Mwant Yav (empereur) Mushid se montrait moins souple, par contre son frère Kawel était un dur. C'est lui qui mena une résistance, il s'était opposé à son frère qu'il accusait de trahir la tradition, de vendre le pays aux blancs, de céder aux blancs. Sous l'impulsion des colonisateurs tous deux furent tués et jetés à l'eau. Après l'interrègne du Mwant Yav Muteb, en 1920, la succession posa des problèmes. Swan Mulap Mulol, héritier par tradition, fût écarté du trône par le colonisateur au profit de Mwant Yav Kaumb, réputé être docile envers l'Européen. Notons ici, que Moïse Tshombe, qui sera plus tard le président général de la CONAKAT, et Président de l'Etat Indépendant du Katanga, était membre de la dynastie Lunda.

Chez les Baluba, avant l'arrivée des colonisateurs, le chef Kasongo-Nyembo, régnait sur l'Empire Muluba, constitué des territoires de Kamina, Manono, Kabongo, Malemba-Nkulu, Kabalo, Lwena, Manza, etc., soit à peu près trois quarts du Nord du Katanga. Dès l'arrivée des colonisateurs, il ne voulait jamais s'incliner. Une grande confrontation eut lieu entre des guerriers Baluba et l'expédition Delcommune aux abords du lac Kisala, au cours de laquelle le capitaine Hakanson trouva la mort. Sept peuplades sous le règne de Kasongo-Nyembo reçurent de l'occupant leur liberté. Le reste de l'Empire fut scindé. On lui laissa le Sud, et le Nord fût donné à son frère Kabongo. Malgré cette scission forcée, Kasongo-Nyembo ne s'avoua pas vaincu et ne cessa de lutter contre la présence étrangère sur son territoire. Son attitude guerrière lui valut la déportation et l'exil de 1905 à 1917, date à laquelle il mourut sans jamais revoir son pays.

Donc, l'on voit ici bien que le Katanga ait connu un tout autre parcours que les autres contrées de ce qui va plus tard devenir le Congo Belge.

Abordons maintenant l'aspect juridique, en commençant par la Conférence de Berlin.

1/ Si, en 1884, au début des travaux de la Conférence de Berlin, les frontières septentrionales de l'Etat Indépendant du Congo, sont grossièrement celles du futur Congo-belge, les frontières méridionales sont, par contre, très différentes, et n'englobent encore ni le Kasaï, ni davantage le Katanga, et le Katanga situé en plein cœur de l'Afrique Centrale, n'avait été quasiment pas exploré en raison de son éloignement de la mer. En 1885 à la fin des travaux de la Conférence de Berlin, les frontières de l'Etat du Congo sont uniquement fixées sur papier et n'ont pas encore de limites fixées avec précision ; seule l'occupation effective des régions devait conditionner la validité des droits acquis, or le Katanga n'est pas encore conquis, le Katanga est encore libre et non occupé par des étrangers. A ce moment-là le Katanga est encore Terre Incognito pour le colon. A ce moment-là le Katanga n'avait jamais signé un traité de soumission ou d'abandon de souveraineté de ses terres avec qui que ce soit.

2/ Après le Congrès de Berlin, le nouvel Etat du Congo n'avait ni frontières reconnues et délimitées, ni davantage de souverain (pour accéder à la tête d'un nouvel Etat, Léopold II devait solliciter l'autorisation des deux Chambres de son pays). D'abord, comme le souligne fort bien E. Banning, dans "Mémoires politiques et diplomatiques, page 126 : Aucune convention internationale n'avait fixé les limites de l'Etat. Seul le traité avec l'Allemagne en avait délimité le territoire". La preuve de tout ceci, fut le fait qu'immédiatement après cet accord, on verra, Léopold II lutter contre les visées de la France, du Portugal et de l'Angleterre sur des contrées.

3/ Lors des travaux de cette fameuse Conférence de Berlin, l'Angleterre qui possédait la Rhodésie, n'y a jamais conclu un accord quelconque avec l'Etat Indépendant du Congo au sujet du territoire du Katanga.

4/ La convention du 8 novembre 1884, conclue entre l'Allemagne et l'Association Internationale du Congo, exclut clairement le Katanga du territoire comme appartenant à l'Association.

5/ L'article 3 de la Convention du 5 février 1885 fixant les limites entre l'Etat du Congo et les possessions françaises, ne concerne pas le Katanga.

6/ La Convention du 14 février 1885 qui fixa les frontières entre le Portugal et l'Etat du Congo, ne concerne pas le Katanga.

7/ Le 26 février 1885, la Conférence de Berlin se termina par un acte international que contresignèrent les 14 puissances reconnaissant l'Etat Indépendant du Congo avec, comme souverain, Léopold II, roi des Belges. Cet Etat Indépendant du Congo tel que reconnu par les puissances n'englobait pas le Katanga. Plus tard, le 1ier août 1885, par une simple carte annexée à un acte de neutralité qui fut notifié à différentes ambassades par le Département des Affaires Etrangères belges, le Katanga fut inclus au sein de l'Etat Indépendant du Congo, mais malgré cet acte additif illégal, le Morning Post, devenu plus tard le Daily Telegraph, écrit à juste titre : "... il est immoral de prétendre à la possession d'un territoire qu'on n'occupait pas réellement..." Non seulement ce fut immoral, mais aussi complètement illégal par rapport aux articles de l'Acte de la Conférence de Berlin lui-même.

8/ La Convention du 29 avril 1887 entre la France et l'Etat Indépendant du Congo, ne concerne pas le Katanga.

9/ L'accord de décembre 1888 entre le Portugal et Léopold II, et la promulgation le 10 juin 1890 par Léopold II d'un décret créant le district du Kwango oriental ne concerne pas le Katanga.

10/ L'accord du 21 mai 1891, entre le Portugal et l'Etat du Congo, qui assure à l'Etat du Congo la possession de certains territoires, ne concerne pas le Katanga.

11/ L'accord du 12 mai 1894 entre Léopold II et l'Angleterre, ne concerne pas le Katanga, ni le traité du 14 août 1894, ni la Convention du 24 mai 1890 avec la British East Africa Company.

La Déclaration de "Neutralité" du 1ier août 1885 au sujet du Bassin du Congo, et les actes de navigation sur le fleuve Congo, lors des travaux de la Conférence de Berlin, sont en ce qui concerne le Katanga complètement une lettre morte, car l'Etat Indépendant du Congo n'occupait pas à ce moment-là le territoire du Katanga, le drapeau de l'Etat du Congo n'y avait encore jamais été planté, le Katanga étant encore terre non conquise. Et l'Acte de la Conférence de Berlin prévoyait que toute prise de possession sur les côtes d'Afrique et le Bassin du Congo devait être notifiée et ne serait que valable qu'à la condition d'être effective, or l'Etat Indépendant du Congo n'occupait pas à ce moment-là la terre du Katanga.

Soyons clairs, le Katanga n'est nullement concerné par cette Déclaration de "Neutralité" du 1ier août 1885. Il est important de souligner ceci, car beaucoup d'unitaristes congolais font recours à cette Déclaration pour justifier que le Katanga appartient sur le plan juridique à l'Etat du Congo, en essayant de justifier ainsi l'actuelle Unité artificielle du Congo. Ainsi disent-ils, il est écrit dans la Constitution à la date du 30 juin 1960, à l'article 11 : "Toute personne dont un des ascendants est, ou a été, membre d'une des tribus établies sur le territoire de la République du Congo-Kinshasa, dans ses limites du 1ier août 1885, tel que modifié par les conventions subséquentes, complète le Code de la Famille " Notons au fait que cette Constitution à la date du 30 juin 1960, date de l'Indépendance du Congo-Kinshasa, n'est autre chose que la fameuse "Loi Fondamentale du 19 mai 1960", et ceci demeure le seul et unique texte sur lequel le Pouvoir à Kinshasa s'est toujours appuyé pour expliquer la légitimité de sa présence et domination au Katanga. Or, comme on vient de le voir le Katanga n'est pas concerné par la Déclaration de Neutralité du 1ier août 1885, car l'occupation de ses terres par les belges, ou d'autres mots par les colons, ne fut pas effective à cette date, par conséquent juridiquement parlant on peut défendre le fait que le Katanga n'est pas concerné par cet article 11 de la Constitution à la date du 30 juin 1960.

Nous venons de voir dans cette genèse de l'Etat du Congo que la création de cet Etat artificiel peut se ramener à deux dates : 1876 (Conférence de Bruxelles) et 1884-1885 (Conférence de Berlin), et que de 1876 à 1885, le Katanga ne faisait pas partie de ce territoire. De 1876 à 1885, le Katanga ne fait pas partie de l'entreprise congolaise.

Maintes personnes désignent cette Conférence de Berlin comme créatrice de l'Etat du Congo, mais l'on oublie ici un fait très important, l'Association Internationale du Congo fut déjà reconnue comme Etat souverain par les Etats-Unis d'Amérique et l'Allemagne avant la convocation du Congrès de Berlin. Et de surcroit, Léopold II négocia la reconnaissance de ses possessions congolaises avec les puissances participantes à la Conférence de Berlin, et en dehors de celle-ci ! Mais, Léopold II n'avait acquis et conquis, dans les faits, le Katanga que 6 ans après la clôture de la Conférence de Berlin, et il en fait un Etat totalement distincts et séparés de l'Etat Indépendant du Congo. L'Acte Général de la Conférence de Berlin ne concerne pas le Katanga. Certes, certains royaumes au sein du Congo étaient déjà fortement démembrés lorsque les hommes de Léopold II les conquirent, mais ceci ne fut pas le cas pour les Royaumes du Katanga, qui luttèrent farouchement et qui ne capituleront que très tard avec le Roi M'Siri comme dernière poche de résistance.

Les puissances coloniales réunies à Berlin, furent animés par un souci de prestige et de compétition, ils ne pensèrent aucunement à créer des ensembles homogènes, et ceci dans aucun domaine, ni au niveau social, ni dans le domaine économique ou politique, et fort heureusement, le Katanga au Congo y a échappé longtemps, jusqu'à sa conquête en 1888 et capitulation finale en 1891 avec la mort de M'Siri.

Mieux... En 1888, donc 3 ans après la Conférence de Berlin lors de laquelle les frontières de l'Etat du Congo furent fixées, le Roi Léopold II, roi des belges, tenait le discours suivant au sujet du Katanga, discours adressé au peuple belge après avoir acquis une majeure partie du Katanga, sa concession à lui :

« Mes Compatriotes,

Toute la Belgique et les Belges sont dans la joie d'accueillir le Dr. David Livingstone qui revient de l'Afrique après avoir accompli une noble mission, nous ramène la bonne nouvelle de la conquête du Katanga, {...} je viens de créer des sociétés au Katanga dans lesquelles vous aurez à travailler. Faites attention et abstenez-vous d'annexer cette concession avec le reste du Congo. Nous venons de nommer le Gouverneur Général pour le Congo, également un autre Gouverneur Général est nommé par le Royaume de Belgique pour diriger le Katanga, ainsi vous remarquerez, qu'il s'agit ici de deux pays distincts, l'un différent de l'autre et doivent rester séparément.

Pour ce faire, j'ai désigné mon fils le nommé Jean Félix Hemptinne, c'est bien Lui, qui sera mon Représentant dans notre concession du Katanga. En outre, il est strictement interdit formellement de procéder à l'annexion de ces deux pays, qui sont tout à fait séparés l'un de l'autre. Je vous envois pour mieux développer ce Katanga, votre deuxième patrie où vous y resterez paisiblement et sans craindre à jamais. Je vous en remercie ». - Sé/ LEOPOLD II, Roi des Belges, Par Louis Cheminon. Rapporteur au Palais Royal, Laken/Bruxelles, Belgique -

Qu'est-ce que cela veut dire ? Cela veut dire qu'à la Conférence de Berlin de 1885, le Katanga ne faisait pas partie de l'État Indépendant du Congo, mais qu'en 1888, après la conquête d'une partie du Katanga, le Roi Léopold II fait du Katanga un État tout à fait distinct de l'État Indépendant du Congo.

Plus tard, le 02 août 1889, le roi Léopold II, établit son testament, que pouvons-nous lire dans ce testament ? Le voici ci-dessous :

« Nous, Léopold II, Roi des Belges, Souverain de l'État Indépendant du Congo

Voulant assurer à notre Patrie bien-aimée les fruits de l'œuvre que depuis de longues années, Nous poursuivons dans le continent Africain, avec le concours généreux et dévoué de beaucoup de Belges ;

Convaincu de contribuer ainsi à assurer à la Belgique, si elle le veut, les débouchés indispensables à son commerce et à son industrie ;

Déclarons, par les présentes, léguer et transmettre, après notre mort, à la Belgique, Nos droits Souverains sur l'État Indépendant du Congo, tels qu'ils ont été reconnus par les déclarations, conventions et traités intervenus depuis 1884, entre les Puissances étrangères, d'une part, l'Association Internationale du Congo et l'État Indépendant du Congo, d'autre part, ainsi que tous les biens, droits et avantages attachés à cette souveraineté ».

Fait à Bruxelles, le 02 août 1889.

(s) Léopold

Remarque ou observation intéressante, dans ce testament du roi Léopold II, il n'est pas question de léguer, après sa mort, l'État du Katanga à la Belgique, alors que le Katanga était une entité tout à fait distincte de l'État Indépendant du Congo, ce qui veut dire que par son testament il ne fait que léguer à la Belgique le reste du Congo, mais pas le Katanga... à ce moment-là le Katanga ne fait pas partie de l'État Indépendant du Congo de 1884 et Léopold II ne lègue pas le Katanga à la Belgique dans son testament! Et, rappelons-le, ce n'est qu'en 1891 que le Katanga sera totalement conquis avec la mort du Roi M'Siri... donc, 2 ans après le testament de Léopold II !

D'ailleurs, avril 1891, fut la date de naissance de la Compagnie du Katanga dont les principaux actionnaires étaient l'Etat Indépendant du Congo et la Compagnie du Congo pour le Commerce et l'Industrie (C.C.C.I.) fondée en 1887. C'est d'ailleurs cette Compagnie qui organisa les expéditions Le Marinel, Delcommune et Stairs en 1891 pour essayer de conquérir le Katanga, ainsi que l'expédition Bia-Francqui-Cornet en 1892. Et, au moment de la reprise du Congo par la Belgique, en 1908, l'autorité politique et administrative était exercée par le Comité Spécial du Katanga (C.S.K.). Cet organisme avait été créé par la Convention intervenue le 19 juin 1900 entre l'Etat Indépendant du Congo et la Compagnie du Katanga, société à laquelle l'Etat avait cédé antérieurement le tiers des terrains domaniaux. Ce Comité constituait une sorte de Compagnie à Charte investie des droits politiques, fonciers et administratifs de l'Etat, sauf en ce qui concerne la Justice et les Finances. Ces attributions politiques et administratives conférées au Comité Spécial du Katanga seront donc supprimées par le gouvernement belge, par décret du 22 mars 1910. Depuis le 1ier septembre 1910, cet organisme n'existait plus qu'à titre d'organisme purement économique.

Compte tenu de tous ces éléments marquants, on peut s'empresser de tirer la conclusion que l'Etat Indépendant du Congo tel que repris par la Belgique comprenait, le Congo et le Katanga comme territoire autonome, administré d'une manière indépendante par le Comité Spécial du Katanga. Donc, il y avait incontestablement, au moment de la reprise du Congo par la Belgique, qu'on le veuille ou non, deux états distincts. Et on peut même affirmer que l'arrêté royal du 22 mars 1910 érigeant le Katanga en territoire autonome, sous la haute direction d'un vice-gouverneur général, n'était pas étranger à la volonté du roi Léopold II de maintenir le Katanga indépendant du reste du Congo Belge avec Boma comme capitale du Congo Belge.

Maintenant, il y a encore juste une seule question à se poser à ce sujet, notamment : Quels étaient les pouvoirs conférés au vice-gouvernement général du Katanga ? Bon, répondons à cette question capitale.

Le vice-gouvernement général du Katanga avait tous les pouvoirs conférés au Gouverneur général du Congo Belge, c'est-à-dire, le pouvoir exécutif, le pouvoir des règlements obligatoires de police et d'administration publique. Une loi lui a conféré, en outre, le pouvoir législatif que le Gouverneur général possédait déjà. Il pouvait donc suspendre temporairement l'exécution des décrets et rendre des ordonnances ayant force de Loi. Tout comme le Gouverneur général, le Vice-Gouverneur général du Katanga était assisté d'un secrétaire général, de directeurs chefs de service, d'un conservateur des titres fonciers et d'un commandant des troupes. Les différentes directions attachées au vice-gouvernement général du Katanga étaient : les Finances, les Travaux Publics, la Justice et l'Instruction Publique, l'Industrie et le Commerce, etc. Donc, il s'agissait d'un Etat totalement autonome et indépendant.

A la lumière de tous les textes historiques qui existent à ce sujet, il est clair et net qu'à l'origine, qu'à un moment donné, le Katanga et le Congo-Kinshasa ont été deux territoires totalement séparés et distincts l'un de l'autre. Il apparaît clairement qu'il s'agissait de deux pays différents et distincts sous Léopold II. Alors à qui doit-on attribuer l'œuvre malheureuse que fut l'annexion illégitime du Katanga à l'Etat du Congo ? La réponse est simple, on peut la retrouver dans une phrase de Monsieur Pierre Wigny,

Ministre des Affaires Etrangères de la Belgique en 1960 : "L'unité du Congo, c'est l'œuvre de la Belgique" (Voir le livre : Moïse Tshombe abandonné, J. Burlion, page 38), et donc non pas de Léopold II ou de la Conférence de Berlin.

La Belgique a annexé le Katanga illégalement au reste du Congo, elle n'en avait pas le droit. Après Léopold II, le territoire du Katanga aurait dû être remis aux souverains du Katanga, c'est-à-dire à leurs Chefs Traditionnels et leurs sujets, à qui on avait arraché par la force leurs terres et leur souveraineté. Et comme le disait si bien Jean Kestergat dans son ouvrage "Du Congo de Lumumba au Zaïre de Mobutu", page 63 : "Le Katanga n'a jamais eu l'occasion d'exercer le droit des peuples à l'Autodétermination, principe si cher à l'ONU, puisque c'est la Belgique qui a forgé l'Unité Congolaise et en a imposé le maintien au moment de la décolonisation."

Ne Vous y trompez-pas, la soi-disant Unité Congolaise n'a ni été forgée par la Conférence de Berlin, ni par Léopold II, ni par Lumumba ou Mobutu, elle a été forgée par la Belgique, par l'Etat belge.

Que nous soyons clairs, le Congo-Kinshasa, dans ses frontières actuelles artificielles et arbitraires, n'est pas une œuvre divine ou sacrée venant du ciel, c'est une œuvre d'humains qui ont commis un acte barbare de colonisation et d'annexion, pour leurs propres intérêts.

Que cela plaise ou non, que cela dérange ou non, peu importe, tout congolais, tout africain, se doit de reconnaître que la conscience ethnique a quelque chose de très important que ne possède pas la conscience nationale des pays artificiels, à un point tel d'ailleurs, que la conscience ethnique demeure encore et maintenant toujours plus élevée que la conscience nationale, et ceci dans la majorité des pays africains aux frontières arbitraires issues de la colonisation. Il en résulte que la concrétisation d'une conscience nationale dans des pays contenant tellement de diversités ethniques ne peut se faire que sous le joug d'une dictature centralisatrice, qu'elle soit coloniale ou néocoloniale avec à sa tête un dictateur au service des intérêts étrangers. Or, au Katanga, cette conscience autour de ce qu'on peut appeler la Katanganité a toujours résulté en une volonté d'être libre, indépendant et décolonisé en ayant son auto-détermination, car le Katanga a été annexé de force et illégitimement à l'Etat du Congo belge sans qu'on lui ait demandé son avis.

Le Katanga fut un Etat totalement distinct et séparé de l'Etat Indépendant du Congo, il ne fut pas légué par voie testamentaire par Léopold II à la

Belgique, et cette dernière annexa d'une façon totalement illégitime le Katanga au reste du Congo, et en faisait la 6ième province, et Le Katanga souffre jusqu'à ce jour de tous ces actes arbitraires et de son annexation à l'Etat Indépendant du Congo par la Belgique.

D'un point de vue historique et juridique, le Katanga a au minimum le droit d'exiger sa liberté et son indépendance au sein d'une structure confédérale. C'est le minimum.

Soyons très clair, la tendance autonomistes du Katanga ne datait pas des années 1957-1960, elle datait déjà depuis très longtemps ; bien avant cette période. Car le Katanga avait toujours connu une situation particulière par la création du Comité Spécial du Katanga, qui fut érigé en vice-gouvernement, œuvre du Ministre Renkin, qui dota par ce biais le Katanga d'une autonomie, et d'une indépendance totale de Boma, la capitale du Congo Belge, en faisant relever le Katanga directement de Bruxelles.

Notons qu'en 1920, il y eut une proposition formulée par Monseigneur de Hemptinne, le vicaire apostolique du Katanga, et par des magistrats et des personnalités, tendant à transférer le gouvernement général du Congo à Bruxelles de manière à ce qu'il n'existe nul relais, au Congo entre le Ministre des Colonies et les provinces autonomes. Donc, il s'agissait ici encore une fois d'une démarche visant à maintenir le Katanga autonome, tel qu'il l'avait toujours été.

En 1933, la suppression du statut de vice-gouverneur général du Katanga, provoqua au Katanga des violentes campagnes contre cette suppression, et contre cette centralisation qui s'opérait en faveur de l'autre Etat, c'est-à-dire, le Congo Belge de Léopoldville (Kinshasa).

D'ailleurs, M.J. Sepulchre écrit notamment, sous le titre ; "Une Entreprise de Démolition", ce qui suit : "...Si Léopold II se levait de sa tombe, il courberait bien bas son grand front génial et il dirait : ils me l'ont bien cochonné mon Congo."

Et même après 1954, on ne pouvait ni nier, ni sous-estimer, la volonté des Européens du Katanga de vouloir sauvegarder un certain type de société traditionnaliste et fraternaliste pour laquelle les influences politiques, sociales et idéologiques en provenance d'abord de Bruxelles, la Métropole, et ensuite des nationalistes centralisateurs congolais apparaissaient comme une menace au développement et à la stabilité du Katanga.

Le Katanga n'a pas été soutenu par la Belgique, il a été soutenu et défendu par les Belges du Katanga, qui étaient devenus des Katangais dans leur chair et dans leur sang. Ces Katangais, blancs d'origine belge, vont au sein de l'UCOL plus tard défendre les thèses d'un Katanga autonome avec rétablissement d'un vice-gouvernement général à la tête du Katanga, afin que le Katanga puisse de nouveau obtenir une autonomie effective. Dans sa doctrine politique, l'UCOL évoquait les causes de la Révolution belge de 1830, dirigée contre la volonté de constituer une administration trop centralisée qui méconnaissait les aspirations, les désirs et les besoins des différentes communautés ethniques belges.

En juin 1957, donc quelques années seulement avant l'indépendance du Congo, et bien avant la Table Ronde de Bruxelles, le Conseil général de la FEDACOL exigeait essentiellement le transfert du Pouvoir de Léopoldville vers les provinces. Ce colonat revendiquait, en outre, la mise en place de commissaires royaux qui devaient disposer d'un pouvoir réel dans les entités territoriales à autonomie reconnue. Très souvent, les colons et la presse locale favorables à la thèse de la FEDACOL, invoquaient le parrainage du professeur Arthur Doucy pour défendre leur programme, en se référant à l'étude de "Sociologie coloniale et réformes de structure" (Revue de l'ULB, n° 2-3 – 1957, page 224). Voici quelques passages bougrement intéressants à ce sujet :

"...La solution à beaucoup de problèmes ne pouvant être fournie que par une politique hardie de décolonisation, il semble donc n'exister qu'un seul moyen d'y arriver : imposer la formule d'autorité, en remettant en cause la possibilité d'appliquer une politique unique pour tout le Congo. Ce qui signifie pour parler clairement qu'à la notion même du Congo, devraient être substituées des notions nouvelles. Plusieurs colonies remplaceraient dans cette optique la Colonie. Elles devraient être judicieusement déterminées, ce que nous ne pouvons faire ici. Nous voulons nous borner en effet à fournir quelques exemples susceptibles de mieux faire comprendre notre propos. Posons donc un postulat de structure : Le Bas-Congo, le Kasaï, y compris le Kwango, le Katanga, le Kivu, y compris le Kibali-Ituri ; le reste de la Province Orientale joint à l'Equateur et au district du Lac Léopold II. D'autres subdivisions sont érigées en territoires distincts relevant directement du Département des Colonies. Les services de l'actuel Gouvernement général sont transférés à Bruxelles. A la tête de chaque territoire est nommé un commissaire royal. Celui-ci représente le Roi dans le Territoire, exerce le pouvoir exécutif. Celui-ci devant gouverner à l'aide d'assemblées représentatives, consultatives ou délibérantes, à un ou plusieurs échelons, suivant les contingences locales {...} Au Katanga, au Kivu, au Kasaï, d'autres formules devraient être mises au point. Au Katanga notamment, la conscience "nationale" embryonnaire qui se développe ne peut être ignorée ou méprisée. Elle constitue un phénomène à prendre en considération par le législateur..."

Et pourtant, cette conscience nationale katangaise, que l'on peut appeler "la Katanganité", a été ignorée et méprisée lors de la Table Ronde politique de Bruxelles, elle n'y avait pas été prise suffisamment en considération. Et n'oublions pas que la Belgique en avait été largement informée par son propre colonat au Congo Belge et au Katanga, comme par exemple dans la note confidentielle remise par le représentant du Colonat au Ministre des Colonies, le 3 mars 1955. Notons donc que la prise de position des milieux européens du Katanga allait complètement à l'encontre de la position du gouvernement belge et des décisions qui seront plus tard prises lors de la Table Ronde de Bruxelles, car ces européens du Katanga comprenaient fort bien les aspirations katangaises légitimes à tout point de vue, et avaient épouser le Katanga comme leur première ou deuxième patrie.

C'est hallucinant, mais c'est sur un pays presque totalement inconnu que Stanley traçait hardiment le 7 août 1884 les frontières du futur Etat Indépendant du Congo. C'est sur une carte portant seulement mention des itinéraires de Livingstone que Cécil Rhodes dessinait, en mai 1881, une ligne étendant la tache rouge représentant l'Afrique australe anglaise jusqu'au Tanaganyka. Et dans tous ces barbares projet sur la carte, il n'était jamais question des réalités historiques et sociologiques africaines. Toutes les puissances coloniales ont eu, à l'époque du début du "scramble" pour l'Afrique, la même conception d'une Afrique, immense terre vacante et sans maîtres, alors que l'Afrique noire et particulièrement le Katanga en Afrique centrale, sont une terre où les Rois et Chefs Traditionnels, ont une importance déterminante dans les structures sociales et politiques.

Ici, nous ne pouvons non plus ici passer sous silence le cas de la Belgique où deux communautés, ou deux ethnies – les flamands et les Wallons – que les vicissitudes de l'histoire ont contraints de vivre ensemble – affichent un comportement qui semble tendre irrésistiblement vers un éventuel éclatement de l'artificielle "Nation" belge, ou bien celle-ci devra opter tôt ou tard pour le seul et unique compromis possible, notamment le Confédéralisme.

Tout ceci devrait largement suffire pour expliquer les origines des aspirations confédéralistes des Katangais, ainsi que les griefs tout à fait fondés des Katangais authentiques.

Les griefs légitimes des Katangais authentiques

Ce titre ci-haut pourrait être facilement remplacé par "Les Katangais authentiques et les étrangers du Katanga", car il est important de noter que le nationalisme katangais fut à l'époque énormément fortifié à cause de certains désavantages flagrants subis par les katangais authentiques dans les domaines importants tels que le travail, l'enseignement, la quote-part dans les dépenses publiques, l'urbanisme, etc.

Le domaine par excellence dans lequel le désavantage des Katangais, dans la période pré-indépendance, ne peut être mis en doute, est celui du Travail.

En effet, les Katangais éprouvaient d'énormes difficultés à pouvoir s'employer tant dans le secteur public que dans le secteur privé.

Les ressortissants de la Province du Kasaï que nous appelons ici tout court "les Kasaïens", monopolisaient au Katanga, tous les services tant manuels qu'intellectuels. Leur position sociale y était plus privilégiée que dans leur province d'origine, ce qui expliquait incontestablement leur exode massif vers les grands centres katangais. Ils y bénéficiaient de la protection de l'Administration belge et furent privilégiés par cette même Administration.

Pour pouvoir s'employer normalement, un Katangais authentique connaissait pas mal de difficultés et se trouvait contraint à procéder à des combinaisons de tout genre, parfois délétères avec les Kasaïens. En un mot, la domination était incontestablement nette.

Cette domination, ces brimades, etc. expliquent la position prise par la CONAKAT dans ce domaine tendant à lutter contre la politique des grosses sociétés qui recrutaient une grande partie de leur main d'œuvre en dehors du Katanga. Ceci fut une politique très défavorable pour le développement matériel et intellectuel des masses katangaises. Celle-ci voyaient dans cette politique, une volonté quelconque de faire des Katangais des citoyens de seconde zone dans leur propre pays.

Ainsi, on trouvait, au Katanga, jusqu'en 1960, les Kasaïens régnants en maîtres, les Rwandais et les Barundi constituant l'importante main-d'œuvre dans le secteur minier alors qu'il y avait un nombre énormément élevé de chômeurs parmi les Katangais authentiques !

Mais d'où est venu ce fait que les Katangais soient devenus de cette façon des sous-citoyens sur le propre sol ? Où est-ce que ceci a trouvé son origine ?

Ce fait a entre autres largement trouvé son origine dans les événements tragiques du 4 décembre 1941 qui s'étaient produits à Elisabethville (Lubumbashi). Les Katangais réclamaient, en effet, à l'Union Minière du Haut-Katanga, dirigée par la Belgique, une augmentation de salaires pour compenser la hausse des prix des biens de consommation. Ceci leur sera refusé, et la réaction katangaise fut celle de faire des grèves massives, et aucune négociation ne fut acceptée par les Katangais. Tout était à l'arrêt, et ceci énervait fortement la Belgique, car nous sommes en pleine période de la 2ième guerre mondiale, et les mines du Katanga devait servir à l'Industrie de guerre avec son cuivre et son cobalt. Donc l'entêtement des Katangais donna des maux de tête aux belges et à l'industrie de guerre en général. Les Belges avaient encore le souvenir de ces Katangais irréductibles qu'ils ont eu du mal à conquérir et à soumettre lors de la colonisation, ils se souvenaient encore des luttes féroces et combats menés contre M'Siri et les Bayéké, contre Kasongo-Nyembo et les Luba, et contre Mushid/Kawel et les Lundas. Les Belges considéraient ainsi les Katangais comme un peuple d'irréductibles, d'insoumis, de rebelles, de têtes dures, trop guerrier, trop fier et pas assez docile.

Tout ceci va emmener les Belges à envoyer des troupes armées pour aller contenir les grévistes. Ces troupes furent confrontées à une grande foule qui leur fut très hostile, et ces troupes ont ouvert le feu sur cette foule avec des balles réelles. Résultat : il eut 60 personnes tuées, parmi lesquelles des chefs coutumiers. Ces massacres n'étaient autres qu'un acte punitif et intimidateur qui s'était produit tout juste au moment où les travailleurs étaient rassemblés pour leur augmentation qui leur avait été promise. Selon les sources katangaises, ce fut à l'occasion d'un rassemblement organisé en la circonstance. M.R. Poupart conclura plus tard : "cet événement inspire aujourd'hui encore de la crainte et de l'amertume aux travailleurs katangais."

Ce conflit va faire de sorte que les Belges vont préférer travailler avec les Kasaïens, les Rwandais et les Burundais, qui vont donc être massivement importés au Katanga, pour y remplacer les Katangais authentiques dans quasi tous les domaines. Le Katangais authentique va être discriminé chez lui, et ceci dans tous les domaines : Travail, Enseignement (dans les établissements scolaires la moitié des élèves admis étaient originaires de la Province du Kasaï), etc.

Ce fut un véritable flot ininterrompu d'immigrants qui déferla de partout vers le Katanga, et les Kasaïens importés par les belges étaient le plus gros fournisseur de cette main-d'œuvre destinée à remplacer les katangais authentiques aux pôles de développement du Katanga. Les immigrants furent tellement nombreux que les habitants installés au Katanga depuis des générations et des générations, donc des autochtones, se trouvaient en minorité dans certains centres.

Ce fait va contribuer en 1958 à une très grande manifestation de conscience politique chez les Katangais authentiques. Un fait culminant fut le discours de Mr. Paelinxkx, vice-gouverneur général au Katanga, en Tshiluba (langue du Kasaï), au stade Léopold, alors que le Swahili était la langue régionale du Katanga. Ce geste très mal accueilli, et véniel pour l'orateur, avait été suivi d'un article de Mr. Alexei Kishiba dans le journal "Katanga" dont le titre fut un véritable cri d'alarme : "Katanga où es-tu ?" Cet article invitait les Katangais à prendre leur destinée politique en mains. Pour la première fois on parla de faire des Katangais des sous-citoyens sur leur propre terre. La seule solution possible pour mettre fin à cet état de choses était donc l'option des structures confédérales dans le cadre du Congo indépendant, et sur ce point tous les Katangais furent unanimes, et ceci expliquera la naissance de la CONAKAT comme parti politique dont la devise était : "le Katanga aux Katangais authentiques." Ainsi, les dirigeants de la CONAKAT envoyèrent le 13 décembre 1959 une lettre au Gouverneur Schoeller, en disant : "les Katangais d'origine se demandent avec raison si les autorités belges ne font pas exprès en accordant le séjour définitif aux gens du Kasaï dans les centres pour que les ressortissants de cette province puissent, grâce à leur nombre toujours croissant, écraser ceux du pays."

De surcroît, la quote-part du Katanga dans les dépenses publiques du Congo belge fut énorme. Sur base des recettes de 1957, la contribution du Katanga aux ressources totales du Congo était de l'ordre de 5,25 milliards de francs sur 11,2 milliards, soit proche de 50%. Mais sa quote-part dans les dépenses budgétaires représentait 1,24 milliards soit presque 20% de sa contribution. Cette répartition, aux yeux des Katangais authentiques, était loin de permettre aux régions du Katanga de se développer parallèlement à leur image économique, et le Katangais authentique était pauvre, chômeur, et citoyen de 2ième zone cher lui. Le Katangais se sentait brimé, désavantagé et délaissé. Tout ceci n'a fait que renforcé le sentiment "national" katangais en faveur d'une autonomie et le Confédéralisme, et ceci deviendra par conséquent plus tard le point de programme politique de la CONAKAT.

Le 11 juillet 1960, date de la Déclaration de l'Indépendance du Katanga, n'a été que la manifestation d'une prise de conscience générale fondée sur une grande légitimité historique et juridique.

Cet état de choses explique aussi le fait qu'après la Déclaration d'indépendance, le 11 juillet 1960, le Gouvernement katangais eut une facilité de mettre sur pied une armée composée de jeunes gens décidés à défendre les couleurs katangaises.

Le Prélude de la Sécession Katangaise

La situation fut plus qu'explosive dans les grands centres de la province, et certains événements vont accélérer la réalisation de la sécession katangaise du 11 juillet 1960.

On ne peut comprendre la situation sans remonter aux élections législatives de mai 1960.

Nous avons déjà vu que les élections provinciales avaient été largement remportées par la CONAKAT au Katanga. Malgré cette victoire écrasante, elle se trouvait dans l'impossibilité totale de procéder à la mise en place des institutions provinciales, n'ayant pas réuni la majorité des 2/3, car le Cartel Balubakat de Jason Sendwe (pro Lumumba), recourait à la politique d'absentéisme et d'obstruction dans le seul but de bloquer le processus de mise en place des institutions provinciales, l'Assemblée ne pouvant pas se réunir tant que les 2/3 des membres n'étaient pas présents.

Le Cartel Balubakat influencé par certains conseillers belges venus expressément de Belgique rendait toute entente impossible. Ainsi toutes les tentatives de M. Ganshof Van Der Meersch, alors Ministre des Affaires générales, en vue de parvenir à un accord, s'étaient soldées par un échec.

Il a fallu l'amendement, par le Parlement belge, des articles 110 et 114 de la loi fondamentale relatifs au quorum des 2/3 pour débloquer la procédure normale. Cette disposition fut adoptée le 15 juin 1960, à la Chambre, par 98 voix contre 5 et 66 abstentions. Nous sommes 15 jours avant la proclamation de l'Indépendance du Congo ! Au Sénat, elle fut adoptée par 66 voix, 33 abstentions et zéro contre.

Le problème qui se pose ici est de savoir si le Parlement belge avait agi sous l'emprise de menace. Est-ce que le Gouvernement belge avait agi par le souci d'éviter l'irréparable ? La réponse est oui, car elle avait reçu des menaces très claires formulées par la CONAKAT.

La première menace émanait cependant de deux hommes : Godefroid Munongo et Jean-Baptiste Kibwe. Le premier menaçait de faire un coup d'état au cas où le Gouvernement ne répondrait pas favorablement à la demande de la CONAKAT. Le second était le plus rébarbatif et le plus virulent, il s'est adressé au Président de l'Assemblée provinciale, Mr. Charles Mutaka, en ces termes :

"Mr. Mutaka, dites simplement au Ministre que nous lui donnons 48 heures pour faire voter l'amendement e question et que, si au terme de ce délai, rien n'est fait, nous entrerons officiellement en pourparlers avec la Rhodésie. Dites-lui simplement cela et ne perdez pas votre temps en vaines discussions."

Pour ceux qui ont toujours été manipulés à croire que Moïse Tshombe fut une marionnette des belges, ils se trompent, car dans la même période Tshombe s'était élevé contre l'attitude du Gouvernement belge en ces termes : "Nous voulons être reconnaissants envers la Belgique, mais dans des conditions pareilles nous ne tarderons pas à devenir ses ennemis..."

En effet, ces menaces n'étaient pas des mots en l'air, car le 13 juin 1960, l'Administration belge eut courant des intentions de Moïse Tshombe de proclamer, à retardement, l'indépendance du Katanga, lors de la séance que devait tenir l'Assemblée provinciale, le 14 juin. Le texte de la proclamation était déjà à l'impression et le journal l'Essor du Congo en avait déjà entamé la composition en vue de sa publication dans l'édition du 15 juin. Ce texte se terminait par une expression de la volonté formellement exprimée. En voici certains passages :

"Nous, réunis en assemblée plénière dûment mandatés par la Nation, représentant les peuples du Katanga, déclarons l'indépendance du Katanga dans ses frontières actuelles.

"...Notre prise de position n'implique pas séparation définitive et radicale des autres états congolais, mais nous voulons que les liens qui nous uniront fassent l'objet d'accords préalables entre nations également souveraines.

"...Il est cependant bien entendu qu'au cas où par l'application de l'article 101 de la loi fondamentale du 19 mai 1960, la majorité des provinces du Congo devait se prononcer pour le système unitaire, le Katanga reprendra sa liberté entière..."

Avec le Cartel Balubakat, rangé derrière des conseillers belges, et qui essayait de contrarier les plans de la CONAKAT et de la majorité des Katangais, le 14 juin la mise en application du "Plan Troubles" fut décidée par le Collège exécutif provincial du Katanga. L'état d'exception fut, de ce fait, décrété.

Tous ces facteurs vont peser très lourd sur la Belgique qui sera contrainte à voter les amendements relatifs au quorum des 2/3, et elle le fera à contre cœur. Et en contrepartie, Mr. Schoeller, dans ses contacts avec les dirigeants de la CONAKAT avait obtenu de Moïse Tshombe l'assurance qu'il n'y aurait pas de déclaration d'indépendance avant le 30 juin, date de l'indépendance du Congo. Au rédacteur de l'Essor du Congo qui l'interviewait sur ses projets d'indépendance du Katanga, Moïse Tshombe se montrait catégorique, il existait jusqu'au 30 juin une loi fondamentale, il l'entendait la respecter. Mais, personne ne pouvait, après cette date, l'obliger à suivre les autres.

Le 25 juin, une nouvelle tentative de proclamation de l'indépendance du Katanga aboutit à l'arrestation de François Scheerlinck, ancien fonctionnaire de la sûreté au Congo. Il était un des conseillers politiques de la CONAKAT à la Table Ronde belgo-congolaise de Bruxelles. Au moment de son arrestation, il était en possession des documents établissant l'intention des leaders de la CONAKAT de proclamer, le 28 juin, l'indépendance du Katanga. Scheerlinck était chargé d'une mission à l'O.N.U. et devait annoncer au Roi et au Gouvernement belge l'indépendance du Katanga, le même jour. A Léopoldville (Kinshasa), nul n'en minimisait le sérieux de la détermination des leaders de la CONAKAT de se séparer du reste du Congo. Afin de parer à toute tentative, le Général Janssens fut invité à prendre des mesures draconiennes et à organiser une démonstration de force envers le Katanga, à la frontière avec la Rhodésie. L'expulsion d'activistes européens pro indépendance du Katanga fut également recommandée.

Le 26 juin, une réunion mit en place Ganshof van der Meersch, De Schrijver, Lumumba, Kasavubu, Bomboko, Delvaux (gouverneur général), et l'Administrateur de la sûreté. Au cours de cette réunion, certains d'entre eux avaient suggéré l'arrestation du personnel politique du Katanga, entre autres : Moïse Tshombe, Godefroid Munongo, J-B Kibwe, et la détention préventive de leurs conseillers.

Mais, les risques de soulèvement total de la population katangaise pouvant résulter d'une telle décision étaient plus que réels. Grâce à Ganshof van der Meersch cette éventualité fut écartée pour cette raison.

Malgré toutes ces mesures, la proclamation de l'Indépendance du Katanga ne fut évitée que de justesse, et au Katanga l'ethnie Muluba connut une division profonde, car une fraction était favorable à la CONAKAT et l'indépendance du Katanga, et l'autre fraction resta attachée au Cartel Balubakat de Sendwe. Or, le Roi Muluba, le Grand Chef Coutumier Muluba de l'Empire Luba, Kasongo-Nyembo, s'était élevé énergétiquement en faveur de la CONAKAT et Moïse Tshombe, et critiqua sévèrement Jason Sendwe de vouloir opposer les Baluba les uns aux autres.

Et justement cette division entre Baluba va entraîner un événement qui va précipiter le Katanga plus tard vers son Indépendance. Il s'agit des troubles sanglants de mars 1960 opposant le Cartel Balubakat à la CONAKAT dont Mr. Patrice Lumumba fut considéré comme l'instigateur. Ces incidents firent 13 morts et une centaine de blessés dont la plupart étaient des partisans de la CONAKAT. Et ce qui est vrai, c'est que la Force Publique du Congo belge s'était rendue coupable de certains actes en défaveur des partisans de la CONAKAT, car la Force Publique coloniale s'était rangée dans le camp du Cartel Balubakat anti-indépendance du Katanga. On voyait des militaires accompagner les anti-indépendantistes du Cartel, pour passer de maison en maison, réveiller les gens, procéder à des arrestations et user de la force.

Comment expliquer ce coup de main porté par la Force Publique contre le Katanga ? Le système de défense au Congo belge était basé sur la permutation des soldats dans des régions qui n'étaient pas les leurs.

Dans la note remise au Ministre De Schrijver et citée par l'Essor du Congo du 26 mars 1960, les délégués de la CONAKAT comprenant Moïse Tshombe, Makonga, Meli, Kishiba et Diur, avaient amèrement critiqué l'attitude de la Force Publique dans ces incidents. Ces tueries ont contribué largement à un raidissement de la majorité des Katangais en faveur de l'Indépendance.

Un autre point très important qui va précipiter le Katanga vers sa Déclaration d'Indépendance, concerne la rupture de l'entente entre Patrice Lumumba et la CONAKAT quant à la formation du futur gouvernement congolais à l'indépendance du Congo le 30 juin 1960. En effet, la CONAKAT disposée à participer à la formation du gouvernement central sous conditions sine qua non de lui réserver le ministère des Affaires économiques étant donné que l'économie du Congo est conditionnée par l'apport du Katanga, et le ministère de la Défense nationale. Quelle était donc la réponse de Lumumba aux propositions faites par Moïse Tshombe : "Ai consulté autres partis politiques sur votre désir stop Les derniers marquent leur accord confier Conakat ministère affaires économiques et vice-présidence Chambre des représentants stop Vous prie tenir compte position autres partis et accepter ce compromis stop Sans concessions mutuelles entre partis il serait difficile constituer gouvernement union nationale qui sauvera avenir pays stop..." En marge de cet accord, il avait été convenu que le département de la Défense nationale, dans un but d'apaisement et pour éviter la mainmise d'un seul parti, serait géré collégialement par tous les ministres, le secrétariat à la Défense nationale était cependant réservé à un représentant de la Conakat et l'autre ministère clé : l'Intérieur, serait confié à l'ABAKO qui partageait les idées fédéralistes katangaises. Le poste de Chef de l'Etat avait été formellement promis à Kasavubu et la vice-présidence à Bolikango. C'est uniquement dans ces conditions que la CONAKAT avait accepté d'appuyer le gouvernement formé par Patrice Lumumba.

Mais Lumumba ne va tenir ses promesses et ses engagements envers le Katanga… grosse erreur !

La Défense nationale et l'Intérieur passèrent entièrement au propre parti de Lumumba, le MNC-L, et le Katanga ne reçut pas les Affaires économiques tel qu'il avait été convenu, car Lumumba morcela la matière des Affaires économiques, en confiant la Coordination économique et le Plan à M. Kabangi de son propre Parti (MNC-Lumumba), les Mines du Katanga allèrent à Mr. Rudahindwa du Reco, les Affaires foncières allèrent à Mr. Mahamba et les Classes moyennes à Mr. Buyi, tous deux du MNC-Lumumba !

Mieux, Lumumba pouvait faire encore pire, il va nommer au Katanga comme Commissaire d'Etat, le rival de Moïse Tshombe, notamment Janson Sendwe, le président du Cartel Balubakat allié du MNC-Lumumba, alors qu'il n'avait nullement été question de nommer celui-ci comme commissaire d'Etat au Katanga. Mr. Mutaka Wa Dilomba avait, de ce fait proclamé l'illégalité de cette nomination en s'appuyant sur les articles 180 et 181 de la loi fondamentale régissant les structures politiques du Congo. Selon l'article 180 et 181 le Commissaire d'Etat devait revenir à la CONAKAT, ceci après consultation du président du gouvernement provincial ou à défaut, du président de l'Assemblée provinciale, ce que Lumumba avait omis de faire …ceci fut une de ses nombreuses gaffes.

Tout ceci a contribué à solidifier la Katanganité qui va plus tard résulter dans la sécession katangaise.

Déjà, dans les années 1955-1956, Léon Bukusa, un des célèbres chanteurs congolais, évoquait, dans un de ses morceaux, les paroles suivantes : "Léo hataki E'ville na milele na milele", c'est-à-dire, "Léopoldville n'aime à jamais Elisabethville"; en un mot, elles ne s'entendront jamais.

Et qu'en est-il aujourd'hui ? Aujourd'hui, rien n'a changé à ce niveau-là… Le Katanga n'a jamais autant vomi Kinshasa (Léopoldville) et son état totalement défaillant.

L'Acte de proclamation de l'Indépendance et ses conséquences

Le 11 juillet 1960 est resté une date historique : Moïse Tshombe proclamait au Monde l'indépendance du Katanga.

Après avoir souligné des actes d'insubordination, des sévices, et des meurtres perpétués par des mutins dans le reste du Congo sur principalement des européens vivant au Congo, le texte de proclamation signé par le Collège des Ministres provinciaux était ainsi libellé :

"...Le Katanga ne peut se plier à des telles menées. Le Gouvernement katangais a été élu par une Assemblée provinciale, élue elle-même sur la base d'un programme d'ordre et de paix.

"Dans ces circonstances et devant les menaces que ferait peser sur nous une plus longue soumission à l'arbitraire et à la volonté communisante du Gouvernement central, le Gouvernement katangais a décidé de proclamer l'indépendance du Katanga. Cette indépendance est totale. Cependant, conscients de la nécessité impérieuse d'une collaboration économique avec la Belgique, le Gouvernement du Katanga, auquel la Belgique, pour protéger les vies humaines, vient d'accorder l'assistance de ses propres troupes, demande à la Belgique de s'unir avec le Katanga en une étroite communauté économique. Il lui demande de continuer son appui technique, financier et militaire. Il lui demande de l'aider à rétablir l'ordre et la sécurité publics."

Malgré l'acte posé, le Katanga n'avait pas abandonné l'espoir de négocier avec le reste du Congo en vue d'aboutir à un compromis : la confédération. Ceci explique que l'indépendance du Katanga n'était qu'un moyen de pression en vue d'atteindre ce que les Fédéralistes n'avaient pas obtenu à la Table Ronde belgo-congolaise de Bruxelles, alors qu'ils y furent majoritaires. D'ailleurs l'Article 1ier de la Constitution du Katanga le prouve bien :

"Le Katanga est un Etat indépendant, souverain et constitutionnel. L'Etat du Katanga adhère au principe de l'association avec d'autres contrées de l'ancien Congo Belge; pourvu qu'elles soient elles-mêmes organisées politiquement dans le respect de l'ordre et de droit. Il ouvrira des négociations pour constituer avec elles une confédération fondée sur l'égalité des partenaires."

On ne peut être plus clair !

Cette volonté sera d'ailleurs reprise, plus tard, par Moïse Tshombe dans un discours marquant le deuxième anniversaire du Katanga, le 11 juillet 1962 : "...Cette lutte est profitable non seulement pour nous, mais encore pour nos frères du Congo. Le profit de ce que nous avons épargné, ils en bénéficieront un jour..."

Le 16 juillet 1960, les Rois et Grands Chefs Traditionnels du Katanga firent une déclaration commune dans laquelle ils proclamaient, sans réserve, leur approbation à l'indépendance du Katanga et invitaient tous les habitants du Katanga à faire confiance au Gouvernement katangais. Dans cet acte important, il faut noter surtout, comme ralliement, celui du Grand Chef Muluba, Boniface Kabongo Kaloa et celui du Chef Tshisenge des Chokwe, respectivement membres de la Balubakat et de l'ATCAR, tous deux membres du Cartel Balubakat.

Et finalement, le 18 juillet 1960, Mr. Kitenge, président de l'Union Congolaise au Katanga, apportait son soutien politique au Gouvernement du Katanga.

La Belgique ne reconnut pas de droit l'Indépendance du Katanga, la seule chose qu'on put noter fut la déclaration du Gouvernement Eyskens le 16 juillet 1960 : "...Le Gouvernement constate le fait que le Gouvernement du Katanga a proclamé son indépendance, que l'ordre y règne et que la vie économique y a repris. Il constate aussi que le Gouvernement katangais demande la collaboration de techniciens belges. L'appui de notre collaboration est assuré au Katanga, comme dans toutes les régions du Congo où règnent la sécurité et l'ordre."

Le 17 juillet 1960, Moïse Tshombe fait appel pour la constitution d'une grande fédération des Etats-Unis d'Afrique Centrale dont le Katanga serait le bastion. Le Sud-Kasaï sous l'impulsion de Albert Kalonji et le Kivu y répondirent favorablement. Le Rwanda-Urundi, sous tutelle de la Belgique, avait dépêché un émissaire au Katanga afin de prendre contact avec le Gouvernement katangais pour une éventuelle confédération dès qu'il sera lui-même indépendant de la Belgique.

Est-ce que le Katanga réunissait les trois conditions universellement reconnues pour qu'il ait un Etat, c'est-à-dire : Le Territoire, La Population et l'Organisation Politique ? La réponse est oui. Toutes les conditions constitutives d'un Etat pouvant prétendre à l'autodétermination et à la reconnaissance par la communauté internationale étaient bien remplies. Or, le Katanga, à part ses missions officieuses permanentes à Bruxelles,

Paris et New York, n'avait été reconnu par aucune nation, mais ce défaut ne pouvait l'empêcher de vivre comme nation, parmi d'autres.

La Belgique par le biais de P. Wigny, alors Ministre des Affaires étrangères, rendit dès les premières heures de l'Indépendance du Katanga difficile des probables négociations en vue de la reconnaissance du Katanga que le Katanga se voulait d'entreprendre. Il avait remis une note aux représentants diplomatiques de la Grande Bretagne, de la France, de la République Fédérale d'Allemagne, du Luxembourg, des Pays-Bas, et des Etats-Unis, les invitant de s'opposer à toute manœuvre tendant à faire reconnaître le Katanga par les puissances. Ainsi, on pourrait dire que la Belgique fit double jeu, et les Etats-Unis d'Amérique étaient opposés à toute idée de reconnaissance du Katanga. Certains pays africains exprimaient une certaine sympathie envers le Katanga, notamment l'Afrique du Sud, la Rhodésie, le Congo-Brazzaville, Le Ruanda-Urundi et l'Ethiopie d'Hailé Sélassié, mais ils craignaient tous la réaction du bloc socialo-marxiste africain et se sont abstenus de reconnaître officiellement le Katanga.

La Belgique n'aimait pas un Katanga indépendant et n'aimait pas se voir "son" Congo s'écrouler. La politique katangaise de la Belgique était de soutenir dans un premier temps la sécession katangaise dans le seul et unique but d'affaiblir dans le reste du Congo l'autorité de Lumumba et de refaire par après plus tard l'unité de leur Congo à partir de Elisabethville (Lumbumbashi), en liquidant la sécession katangaise. Ce qui les importait était la reconstruction de leur Congo axé sur l'Occident, tout en s'opposant fermement à toute idée fédéraliste ou confédéraliste qui pouvait présenter un danger réel pour les intérêts belges et occidentaux au Congo. Ceci apparaît très clairement dans les messages télégraphiés du comte d'Aspremont-Lynden et Rothschild au Gouvernement belge à partir du Katanga.

Ainsi, un Lumumba vivant fut un gage de survie pour l'indépendance du Katanga, et le Katanga n'avait aucun intérêt à vouloir la mort de Lumumba, bien au contraire. Car la viabilité de l'Etat indépendant du Katanga, dès la mort de Patrice Lumumba, semblait être condamné politiquement. La disparition de Lumumba entraîna avec elle la liquidation d'une opposition profitable à l'Etat du Katanga et eut pour effet de relâcher les liens d'opportunité qui s'étaient établis entre Léopoldville et Elisabethville à ce sujet. A New York, après quelques jours de profonde indignation, elle contribua paradoxalement à réduire les antagonismes. Jusque-là, c'était principalement au sujet de la personne du leader congolais Lumumba que l'URSS, les USA, les Etats africains et asiatiques s'étaient divisés.

A juste titre, P-H. Gendebien, écrivit que l'élimination de Lumumba avait signé, à plus ou moins longue échéance, l'arrêt de mort de l'Etat du Katanga, car Lumumba subsistant constituait le principal rempart à l'existence du Katanga. Un Lumumba vivant, disait Gendebien, fut un puissant moyen de chantage pour le Katanga auprès des Etats-Unis d'Amérique pour empêcher que ceux-ci par le biais de l'O.N.U. réduise un jour la résistance du Katanga. Dès lors, le but des Etats-Unis et des Occidentaux était de briser la menace d'une influence jugée communiste-lumumbiste à Stanleyville (Kisangani) en faisant plus fermement confiance à l'action de l'O.N.U. pour réduire la sécession katangaise qui justifiait la dissidence de Stanleyville.

Le Gouvernement katangais a toujours été méfiant vis-à-vis de Bruxelles. Le 9 octobre 1960, Moïse Tshombe avait dressé une lettre à Mr. Eyskens. Cette note nous révèle que les représentants belges auprès des Nations-Unies menaient une action systématique de dénigrement auprès des délégués de certains pays africains et européens afin de les dissuader de reconnaître l'Indépendance du Katanga et de les convaincre que seule la thèse belge, préconisant une structure unitaire était susceptible de sauver le Congo du chaos et de l'anarchie. Les belges et européens installés au Katanga parlèrent même de lâcheté de Bruxelles. Moïse Tshombe et le Katanga, quant à eux, se montraient astucieux dans leurs propos en faisant une distinction nette entre la Belgique officielle et le peuple belge en qui il avait confiance et affection.

Des conseillers belges auprès de l'opposition à Tshombe dans le Nord-Katanga, autour de Sendwe, vont rendre d'ailleurs impossible toute conciliation entre Tshombe et Sendwe par des mauvais conseils sur place en provenance de Bruxelles. Ainsi, les belges vont également entretenir une opposition interne à Tshombe.

Il ne faut pas se tromper, tout au long de la sécession katangaise la Belgique a montré deux visages, elle y a protégé ses intérêts économiques (l'Union Minière du Haut-Katanga), en apportant soutien technique et militaire, mais elle s'est toujours opposée à l'existence politique et diplomatique du Katanga, car elle n'a jamais reconnu officiellement l'Indépendance du Katanga.

Ceci peut d'ailleurs facilement être appuyé par le fait que dès la mort de Lumumba la Belgique a non seulement relâché le Katanga, mais elle l'avait combattu. Pour ce trait, nous nous permettons de citer un cas flagrant. En juillet 1961, Mr. Charles Muller, l'un des secrétaires particuliers de Mr.

Henri Fayat, sous-secrétaire d'Etat aux Affaires étrangères, était chargé d'une mission d'informer ses compatriotes au Katanga des intentions de Mr. Spaak, ministre des Affaires étrangères, que nous pouvons résumer en deux points :

- L'unification du Congo, fin de la sécession katangaise qui, si elle continuait, tendrait à provoquer la sécession de la Province Orientale et permettre l'implantation soviétique dans cette partie du pays,

- Faciliter également la tâche du représentant des Nations-Unies au Katanga pour liquider la sécession katangaise, et l'expulsion des conseillers politiques belges au service du Gouvernement katangais.

Ainsi, les Belges vont faire intervenir leurs troupes militaires métropolitaines au Katanga indépendant et dans le reste du Congo, et vont motiver leur intervention a une portée morale, qu'ils vont inventer pour ce faire, notamment la sauvegarde des vies humaines en danger de mort et assurer le respect de la vie et de la sécurité de leurs nationaux. Or, la Belgique savait très bien qu'une intervention pareille de ses troupes, que cela soit au Katanga, ou ailleurs sur le territoire congolais, était un acte illégal, car selon les traités signés entre la Belgique et la République du Congo la veille de l'Indépendance, des troupes belges ne pouvaient qu'intervenir sur le sol congolais que sur demande expresse du Gouvernement central. Mais cette demande n'a jamais été formulée. Le Gouvernement congolais n'a jamais été averti, ne fût-ce que pour la forme, de l'éventualité d'une intervention des troupes belges sur son territoire national. C'est dans ce contexte que se situe l'agression de la Belgique contre la République du Congo et contre le Katanga, sous couvert de son "opération secours."

Fort curieusement, aussi bien les USA, la Belgique et les Occidentaux voulurent à ce moment-là la liquidation de la sécession katangaise, et la disparition de Lumumba qui fut pour eux un danger de voir s'installer à Stanleyville un régime pro soviétique, et cela sera justement cette agression illégale de la Belgique avec ses troupes qui va servir de motif pour l'intervention des troupes de l'O.N.U. au Congo. Coïncidence ou non ? A Vous de juger.

On a d'ailleurs souvent accusé plus tard les Nations-Unies d'avoir exhorté la révolte des Balubas dans le Nord, dans le seul et unique but de saper ou d'affaiblir la position politique du Katanga indépendant. Ainsi la torture, les meurtres, les mutilations et autres atrocités vont caractériser la révolte des Baluba dans le Nord contre le Gouvernement du Katanga et contre la sécession katangaise. Ces massacres furent l'objet de propagande politique et furent surtout exploités par l'ONUC pour imposer à Tshombe leur intervention et une solution armée du conflit. Tous ces massacres se produisaient sous le regard paisible des forces des Nations-Unies chargées de maintenir l'ordre et la sécurité.

La version katangaise est que le point de départ de toute l'histoire des réfugiés Baluba doit être recherché dans une révolte à la prison de Kasapa. Cette prison hébergeait de nombreux prisonniers de droit commun et quelques prisonniers politiques. Les évadés cherchèrent refuge auprès des l'ONUC qui se trouvait à 2 km de la prison (fin août 1960). En deuxième lieu, le bruit courut alors que, suite au départ des officiers belges, la Gendarmerie katangaise serait peut-être une force incontrôlable, mais que de toute façon l'ONUC protégerait les Baluba du Cartel Balubakat de Sendwe, et l'ONUC va accueillir une masse de "refugiés" Baluba dans un camp que l'on va dénommer plus tard "Onuville", et l'ONUC avait maintenant un autre prétexte de rêve basé sur la possibilité d'une guerre civile pour justifier une action de grande envergure qu'elle comptait entreprendre au Katanga. Cette diplomatie des Nations-Unies avait coûté la vie, dans ce camp de misère et sinistre, à un nombre évalué de 3.000 à 5.000 décès, car des Baluba vont y mourir de toute sorte de maladies, épidémies, malnutrition, etc. sous les yeux et dans les bras des troupes de l'ONUC, qui ne feront rien pour eux, à part les instrumentaliser pour leur plan machiavélique.

Ainsi, se prépara l'infâme intervention militaire des Nations-Unies au Katanga.

La Genèse de l'intervention des Nations-Unies au Katanga

La première chose à stipuler est le fait que l'opération des Nations-Unies au Katanga fut unique dans son genre et dans son histoire jusqu'alors, qu'il s'agisse de son objet, de son ampleur ou de son coût. Le principe de non-intervention dans les affaires intérieure d'un Etat cessait, depuis cette intervention, d'être un épouvantail.

Regardons un peu ensemble tout le contexte qui avait précédé aux interventions militaires de l'O.N.U. au Katanga.

Le 10 juillet 1960, donc la veille de la Déclaration d'Indépendance du Katanga, suite aux incidents de Matadi, au Bas-Congo, incidents qui avaient fait 12 à 20 victimes congolaises et 13 blessés du côté belge, Kasavubu et Lumumba, respectivement Chef de l'Etat et Premier ministre, s'étaient adressés verbalement aux Nations-Unies par l'intermédiaire de leur représentant à Léopoldville (Kinshasa), le Dr. Bunche, pour l'obtention d'une assistance en vue de restaurer la discipline au sein de l'Armée nationale et remettre l'Administration en état de fonctionnement normal après le départ massif des fonctionnaires belges. Dans le cadre de ses compétences propres, le Secrétaire général de l'O.N.U. y répondit positivement.

Devant l'exacerbation de la situation, un Conseil extraordinaire des Ministres auquel assistaient Mr. De Schrijver et Mr. Ganshof, s'était réuni, le 11 juillet 1960, sous la présidence de Mr. Antoine Gizenga et Mr. Justin Bomboko, respectivement vice-Premier ministre et Ministre des Affaires étrangères, en m'absence de Kasavubu et Lumumba, tous deux, en voyage d'inspection à l'intérieur du pays.

A l'issue de celui-ci, il fut décidé de demander aux Etats-Unis, par l'intermédiaire de leur ambassadeur à Léopoldville (Kinshasa), Mr. Timberlake qui assistait lui aussi à la séance, l'envoi au Congo des troupes américaines fortes de trois mille hommes, pour assurer le départ des troupes métropolitaines belges et rétablir l'ordre. Cette demande était motivée par les incidents tragiques de Matadi.

Mais les américains vont décliner cette demande congolaise d'assistance militaire, car si les Américains intervenaient au Congo, ceci aurait emmené l'O.N.U. à demander des contingents soviétiques. Or pour les Américains, amener les Soviétiques au Congo serait une hérésie et ne ferait que compliquer la situation. Et la décision prise par le Conseil des Ministres de faire appel aux troupes américaines décontenançait Lumumba qui comptait rechercher un conseil auprès du représentant soviétique à Léopoldville (Kinshasa). Et Kasavubu n'appréciait pas les flirts de son Premier ministre avec l'Union Soviétique. Mais Lumumba réussit néanmoins à le convaincre, et c'est dans ces conditions que les deux hommes d'Etat, idéologiquement opposés, demandèrent à Mr. Krouchtchev de l'URSS de suivre de très près la situation au Congo, en précisant qu'il serait possible qu'ils soient forcés de solliciter l'intervention de l'Union Soviétique.

Mais malgré toutes ces demandes de soutien et d'intervention de la part de Kasavubu et Lumumba, envers l'O.N.U., les Américains et les Soviétiques, le Katanga proclama le 11 juillet 1960 son Indépendance. En route pour Elisabethville (Lubumbashi) où l'indépendance du Katanga venait d'être proclamée, Kasavubu et Lumumba se trouvèrent, dès leur arrivée à Luluabourg (Kananga), devant un fait accompli. En effet, une unité de para commandos belges était intervenue pour dégager 1.200 Européens réfugiés dans l'immeuble "Immokasaï" et assiégés par les mutins de la Force Publique. Cette intervention eut lieu à l'insu des autorités congolaises. Ceci constitua un acte d'agression perpétré contre la République du Congo et ceci, en violation, bien entendu, du traité d'amitié signé entre la Belgique et le Congo, le 29 juin 1960. Aux termes de celui-ci, les troupes belges ne pouvaient intervenir que sur demande expresse du Gouvernement congolais.

C'est cette intervention illégitime des troupes belges qui avait motivé la requête de Kasavubu et Lumumba au Secrétaire général des Nations-Unies. Le télégramme du 12 juillet 1960 était ainsi libellé :

"...Le Gouvernement du Congo sollicite envoi urgent par Organisation des Nations Unies d'une aide militaire. Notre requête est justifiée par envoi au Congo des troupes métropolitaines belges en violation du traité d'amitié signé entre la Belgique et République du Congo le 29 juin 1960 stop Aux termes de ce traité les troupes belges ne peuvent intervenir que sur demande expresse du Gouvernement congolais stop Cette demande n'a jamais été formulée par le Gouvernement de la République du Congo stop Considérons action belge non sollicitée comme un acte d'agression contre notre pays..." (Doc. ONU S/4382)

Un second télégramme daté du 13 juillet 1960, signé par Kasavubu et Lumumba, précisait la nature de l'assistance militaire sollicitée.

Notons que ces deux télégrammes accusaient non seulement le Gouvernement belge de provocation, mais aussi d'avoir minutieusement mitonné la sécession du Katanga. Le deuxième télégramme du 13 juillet fut largement influencé par le fait que la veille Kasavubu et Lumumba furent interdit par les autorités Katangaises d'atterrir à Elisabethville (Lubumbashi). Cette interdiction ne concernait nullement Mr. Kasavubu, mais concernait son Premier ministre Lumumba, justifiée par le fait que chaque fois que celui-ci mettait ses pieds sur le sol katangais, le sang coulait. Il faut ici souligner un fait important, quand Kasavubu et Lumumba furent interdit de poser pieds sur le sol katangais à l'aéroport, celui-ci était occupé par des troupes d'intervention belge, et leur amertume face à cette humiliation va influencer leur deuxième télégramme au Secrétaire général des Nations-Unies.

Lumumba menaçait maintenant de faire appel aux forces soviétiques, et la Chine de son côté n'attendit pas d'être sollicitée, car le 13 juillet Mao Tse Toung manifestait au Congo la solidarité du peuple chinois. Devant cette éventuelle possibilité d'une intervention soviétique et/ou chinoise, les Etats-Unis d'Amérique ne voulant pas voir s'asseoir une influence soviétique en Afrique centrale, décidèrent de donner leur appui total à une mission dirigée par l'O.N.U. au Congo.

Ce qu'il faut souligner dans cette internationalisation de la crise congolaise c'est la rapidité pour laquelle la décision a été prise au Conseil de sécurité, cette rapidité constituait un cas unique dans l'histoire de l'Organisation, et ceci par souci d'éviter que cet immense pays riche soit le théâtre de la confrontation des grandes puissances en pleine guerre froide.

Ainsi, les Etats-Unis donnèrent leur soutien inconditionnel au Secrétaire général des Nations-Unies pour une neutralisation du Congo que les Soviétique n'appréciaient pas du tout. Ce danger, le Secrétaire général, Dag Hammarskjöld, l'avait bien souligné implicitement dans son rapport au Conseil de sécurité, le 13 juillet (deux jours après la proclamation d'Indépendance du Katanga).

Toutefois trois grands problèmes se posèrent à l'O.N.U. pour trouver une définition de sa mission au Congo :

1/ Fonder son intervention sur la neutralisation du Congo dans le seul but d'écarter l'influence dangereuse de grandes puissances, devait fatalement créer un précédent fâcheux pour l'avenir.

2/ Baser son action sur l'agression belge au Congo était également à éviter, car une condamnation de la Belgique devait indubitablement exhorter l'Union Soviétique et lui fournir des motifs d'intervenir au Congo.

3/ Troisième gros problème : Le Katanga qui vient de proclamer son Indépendance.

Tout ceci expliquera l'adoption par le Secrétaire général des Nations-Unies de la thèse proposée par les belges de "Maintien de l'Ordre et de la Sécurité", or cet aspect est normalement du ressort exclusif de la politique interne d'un Etat ! Cette ruse de l'O.N.U. fut illégale comme motif, car contraire à l'objet de la requête congolaise précisée d'ailleurs dans le deuxième télégramme de Kasavubu et Lumumba du 13 juillet 1960. Et cette thèse de "Maintien de l'Ordre et de la Sécurité" va poser un gros problème plus tard dans le cas de l'Etat indépendant du Katanga, où l'ordre et la sécurité régnaient.

C'est dans ce climat que les Nations-Unies seront appelées à apporter leur assistance militaire et technique à la République du Congo. Saisi de requêtes congolaise et belge, le Secrétaire général de l'O.N.U. convoqua à son tour le Conseil de sécurité en vertu de la faculté que lui donne l'article 99 de la Charte des Nations-Unies d'attirer l'attention du Conseil de sécurité sur toute affaire qui, à son avis, pourrait mettre en danger le maintien de la paix et de la sécurité internationales.

Mais, l'article 2§7 de la Charte des Nations-Unies interdisait à l'Organisation d'intervenir dans les affaires intérieures d'un Etat au règne la paix et le maintien de l'Ordre, et sans que cet Etat soit une menace contre la paix. Donc, à ce moment précis, le Katanga avait déjà proclamé son Indépendance et n'était donc pas concerné par la requête du pouvoir central congolais, et la paix et l'ordre régnaient au Katanga.

Il y avait trois faits particuliers qui avaient dicté l'attitude du Secrétaire général de l'O.N.U.

- Les appels pressants de Lumumba à l'Union Soviétique

- La présence d'un illyouchione soviétique qui, depuis l'arrivée de la délégation soviétique aux manifestations marquant l'indépendance du Congo, était toujours là, prenant tous les jours l'air pour des petites sorties au-dessus de Léopoldville (Kinshasa)

- L'alerte donnée sur une cargaison polonaise transportant des armes tchèques et russes, au large du port congolais de Matadi.

Toutefois, le Secrétaire général était guidé par deux principes fondamentaux de la Force d'urgence des Nations-Unies. Ces deux principes, il les avait répétés au Conseil de sécurité en ces termes :

"...si le Conseil de sécurité suivait ma recommandation, je fonderais mon action sur les principes établis dans mon rapport à l'Assemblée générale sur les conclusions tirées de l'expérience acquise par le passé dans ce domaine, c'est-à-dire, "La Force des Nations-Unies ne serait pas autorisée à agir si ce n'est qu'en cas de légitime défense. Elle ne pourrait prendre des mesures qui la rendrait partie à des conflits intérieurs dans le pays." (Documents des Nations-Unies A/3943)

On verra plus tard, que l'O.N.U. et le Secrétaire général ne respecteront pas leur propre Charte, ils ne tiendront pas paroles, et violeront leur propre règlement, car ils agresseront le Katanga sans qu'il y ait une justification possible de légitime défense de leur côté, et ils interviendront au Katanga dans les affaires intérieures de l'Etat katangais où le maintien de l'ordre était assuré.

Pourtant, pour l'expérience acquise par le passé, le Secrétaire général s'était référé au rapport du 9 octobre 1958 sur la crise de Suez, dans lequel il avait étudié la jurisprudence résultant de la Force d'urgence dans le Moyen-Orient. Il avait, de ce fait, multiplié des assurances selon lesquelles, l'O.N.U. ne s'ingérera pas dans les affaires intérieures d'un Etat. Mais, ceci ne sera pas le cas au Congo, pour s'en rendre compte il suffit de lire le rapport de Mr. Dayal, chef de la mission de l'O.N.U. au Congo, qui en dit long d'ailleurs : "l'O.N.U. n'est pas au Congo comme simple observateur ; elle a un programme militaire et un programme d'assistance civile qui lui confèrent des responsabilités précises. L'ampleur même de ces programmes ont donné lieu à l'accusation selon laquelle, l'intervention était une véritable prise en charge du gouvernement congolais par l'Organisation..."

A l'issue de la session d'urgence du 13 juillet 1960, le Conseil de sécurité adopta le projet de résolution tunisien sur le problème congolais, par 8 voix, sans opposition et 3 abstentions (la Chine, la France et le Royaume-Uni). Cette résolution déterminait donc la toile de fond de l'action du Secrétaire général.

Lors du débat qui avaient entouré cette décision, Mr. Loridan, le représentant belge, fit un long exposé des événements tragiques pour lesquels la Belgique était intervenue au Congo. L'intervention des troupes métropolitaines belges était donc, selon l'orateur, justifiée, en premier lieu par l'impuissance complète des autorités nationales congolaises à faire respecter les règles élémentaires dont l'observation s'impose dans toute communauté civilisée et par le devoir sacré qu'avait le Gouvernement belge de prendre les mesures que lui dictait la morale et le droit international public. En second lieu, Mr. Loridan, basait l'intervention belge au Katanga sur la requête pressante du gouvernement provincial katangais présidé par Moïse Tshombe, ce qui constitue un fait non-négligeable si l'on tient compte de la défaillance de l'appareil chargé de la direction de l'Etat congolais de l'époque.

La Belgique était donc prête à retirer ses troupes lorsque les forces des Nations-Unies seraient en mesure d'assurer effectivement le maintien de l'ordre et de la sécurité des personnes au Congo. Ce long exposé des faits suscita une réaction vive du représentant tunisien qui contesta d'ailleurs la description des événements et le représentant russe, Mr. Sobolev, déposa trois amendements au projet de résolution tunisien, mais ils furent rejetés séparément.

Dès l'adoption du projet de résolution tunisien, le Secrétaire général prit aussitôt les mesures nécessaires. Il décida d'envoyer une mission civile et militaire au Congo, et l'ensemble des opérations fut baptisé "Opération Des Nations-Unies au Congo" (ONUC).

Quant aux contingents militaires, Lumumba avait exprimé sa préférence aux nations africaines. C'est ce que fit le Secrétaire général comme acte de solidarité. Cette priorité ne signifiait pas l'exclusion d'autres Etats, si l'on tient compte de l'élément d'universalité qui caractérise toute opération des Nations-Unies. Tous les membres permanents du Conseil de sécurité étaient exclus. Cette exclusion visait particulièrement l'Union Soviétique, les USA, la France, le Royaume-Uni, et la Chine. Ainsi les pays suivants devinrent les nations participantes à cette opération :

Afrique : Ghana, Maroc, Tunisie, Mali, Guinée, Ethiopie, Nigéria
Europe : la Suède, l'Irlande
Asie : l'Inde, le Pakistan
Amérique : le Canada

Pendant que les troupes de l'O.N.U. s'installaient dans le pays, Lumumba menaçait de faire appel aux troupes soviétiques si les troupes belges ne se retiraient pas du territoire congolais endéans trois jours. Et de leur côté les Etats-Unis d'Amérique, par le biais de leur délégué, Cabot Lodge, firent savoir qu'ils ne toléreraient jamais qu'un état étranger aidât le Congo sans l'assentiment des Nations-Unies. Notons au passage que l'O.N.U. fut dominée par les Etats-Unis d'Amérique !

En ce qui concerne la Belgique, la présence des Nations-Unies au Congo était souhaitable, voire nécessaire pour collaborer au rétablissement de l'ordre. Elle ne pouvait être acceptée comme une sanction contre la Belgique ni comme un moyen de sauver le Gouvernement central de Lumumba aux dépens des autorités provinciales qui avaient choisi de maintenir l'ordre avec l'aide des forces belges. C'est dans cet esprit que la Belgique avait accordé son parrainage à l'intervention des Nations-Unies au Congo, par opposition aux communications par télégrammes du 12 et 13 juillet 1960 de Kasavubu et Lumumba.

En marge du retrait des troupes d'intervention belges, il semble que les représentants du Secrétaire général des Nations-Unies avaient accepté le droit pour les forces belges d'intervenir en cas de danger grave et imminent à la seule condition d'en saisir immédiatement le Commandement militaire des Nations-Unies. Cette reconnaissance aux troupes belges d'intervenir pour le compte des Nations-Unies couvrait implicitement et aussi d'une manière flagrante l'intervention des troupes belges au Congo et expliquera le retard mis pour l'évacuation de celles-ci, conformément au paragraphe 1ier de la résolution du 14 juillet 1960.

L'étendue et l'ambiguïté du mandat de l'ONUC

Le Secrétaire général de l'O.N.U. savait trop bien combien la tâche qu'il se proposait d'entreprendre au Congo, et au Katanga, était lourde de conséquences et périlleuse. En saisissant le Conseil de sécurité, en vertu de la faculté que lui donne l'article 99 de la Charte "d'attirer l'attention du Conseil de sécurité sur toute affaire qui, à son avis, pourrait mettre en danger le maintien de la paix et de la sécurité internationales", il avait recommandé au Conseil de sécurité de l'autoriser à prendre, en consultation avec le Gouvernement congolais, les mesures nécessaires pour fournir à ce dernier une assistance militaire jusqu'au moment où les forces de sécurité nationale pourront pleinement faire face à la situation. Son initiative se fondait sur les difficultés qui se posaient au Congo concernant le maintien de l'ordre et la protection des vies humaines dans ce pays. Ces difficultés, nous l'avons dit, avaient un "aspect international important."

Dans sa déclaration du 13 juillet 1960 (deux jours après la proclamation de l'Indépendance du Katanga), devant le Conseil de sécurité, amplifiée par son rapport du 18 juillet, Mr. Hammarskjöld avait énoncé deux principes fondamentaux qui régissaient la Force d'urgence des Nations-Unies. Ces principes sont :

- La force des Nations-Unies ne serait pas autorisée à agir si ce n'est qu'en cas de légitime défense

- Elle ne pourrait prendre des mesures qui la rendraient partie à des conflits internes.

Ces deux principes furent tirés de l'expérience acquise par le passé dans ce domaine. Il s'agit du rapport du 9 octobre 1958 qui constitue la jurisprudence résultant des opérations de la Force d'urgence dans le Moyen-Orient, tout en admettant que le cas est différent de la crise congolaise par sa nature et son objet.

Or, malgré ces deux principes et leur jurisprudence, l'O.N.U. ne respectera pas ces deux principes, elle va violer, au Katanga, sa propre Charte et ses propres principes. Nous verrons cela plus tard.

Suivant les recommandations du Secrétaire général, le Conseil de sécurité pouvait fonder sa décision sur ces deux principes jurisprudentiels de la Force d'urgence des Nations-Unies.

Cette assurance du rôle de la Force d'urgence donnée à maintes reprises par

Mr. Hammarskjöld est très importantes pour la suite des événements. Nous nous penchons plus précisément sur l'offensive militaire du 13 septembre 1961 entreprise par la même Force d'urgence, au Katanga, pour déterminer si cette action, contraire aux principes défendus, résultait de la décision du Secrétaire général lui-même ou si elle était le fait d'une initiative de l'un des membres du "Club du Congo."

La résolution de base (Documents des Nations-Unies S/4387) du 14 juillet 1960, du Conseil de sécurité, autorisant l'opération des Nations-Unies au Congo, comportait deux points importants :

- L'appel au Gouvernement belge pour le retrait de ses troupes du territoire de la République du Congo ;

- L'autorisation au Secrétaire général de prendre, en consultation avec le Gouvernement de la République du Congo, les mesures nécessaires en vue de lui fournir l'assistance militaire dont il avait besoin.

Les termes de ce dernier paragraphe ont été proposés par le Secrétaire général lui-même qui voulait un mandat plus large avec une liberté de décision et d'action.

Si le Conseil de sécurité avait rejeté toute forme d'accusation sur l'agression belge au Congo, le paragraphe 1ier de cette résolution reconnaît néanmoins cette agression et condamne implicitement par son appel pressant invitant la Belgique à retirer ses troupes du territoire congolais.

En deuxième lieu, cette résolution ne stipule pas expressément le maintien de l'ordre public intérieur. Elle laisse cependant l'initiative au Secrétaire général, selon ses recommandations, de décider des mesures à prendre. Celui-ci pouvait donc envisager soit donc des mesures coercitives, soit diplomatiques ou autres. Si nous revenons en arrière, nous constatons que le seul cas (la crise de Suez) pour lequel la Force d'urgence des Nations-Unies était appelée à jouer, pour la première fois, un rôle, se limitait à une action purement diplomatique. Pour le Congo, le Secrétaire général avait fondé son assistance militaire sur des principes précités plus haut, c'est-à-dire, la non-intervention dans les affaires intérieures d'un Etat.

Quant au maintien de l'ordre public intérieur, dans l'esprit de Mr. Dag Hammarskjöld, le mandat que le Conseil de sécurité lui avait confié devait faire l'objet d'interprétation à la lumière de sa déclaration du 13 juillet 1960, constituant en quelque sorte l'exposé des motifs dont l'objectif était de protéger les vies humaines et les biens au Congo après l'effondrement du système national de sécurité qui est à l'origine de l'intervention des troupes belges.

Cette déclaration du 13 juillet présente une certaine ambiguïté. En effet, les principes de non-intervention dans les affaires intérieures d'un Etat sont inconciliables avec la lourde tâche du maintien de l'ordre public qui est un problème exclusivement interne. Mr. Kwame Nkrumah, président du Ghana, disait notamment : "Les Nations-Unies ne peuvent en même temps assurer le maintien de l'ordre public et demeurer neutres entre les autorités légitimes et celles qui sont en dehors de la loi."

D'autre part, aux termes de la résolution, le Secrétaire général avait mandat de consulter pour toutes mesures nécessaires à prendre, le Gouvernement congolais. Or sur ce point, il s'est avéré qu'il prenait unilatéralement des mesures nécessaires. Les cas sont nombreux, nous voulons tout simplement en citer un qui, à nos yeux, paraît flagrant et qui est à l'origine du différent Hamarskjöld-Lumumba. Il s'agit, bien entendu, de pourparlers que le Secrétaire général avait engagés avec les autorités du Katanga pour l'entrée des troupes de l'O.N.U. au Katanga.

La résolution est encore précise : "fournir à ce gouvernement l'assistance militaire dont il a besoin", c'est-à-dire, répondre aux besoins de la requête congolaise. Or, l'assistance militaire demandée par les autorités congolaises était bien précisée dans le second télégramme du 13 juillet 1960 que nous reproduisons derechef :

"...Aide demandée ne pas avoir pour but rétablir situation intérieure du Congo mais bien protection territoire national contre acte agression posé par troupes métropolitaines belges..."

Retenons bien cela, car jusque-là, le Katanga n'est pas concerné par cette requête en provenance de Léopoldville (Kinshasa).

Si nous interprétons le mandat confié au Secrétaire général de l'O.N.U. à la lumière de sa déclaration du 13 juillet et la résolution du 14 juillet, il y a lieu de déduire que ce mandat était incontestablement ambigu. Cette ambiguïté suscita d'ailleurs de vives critiques non seulement de la part du représentant soviétique et autres qui accusaient le Secrétaire général d'être l'instrument des capitalistes et d'agir de mèche avec eux, mais aussi des Congolais qui rechignaient devant la politique de celui-ci tendant à imposer la tutelle des Nations-Unies. Sur ce point, Dag Hammarskjöld était net : "rien ne pourrait être plus éloigné d'une tentative quelle que soit d'imposer une prétendue "tutelle" à un Etat membre."

Même sur le plan pratique, la lourde tâche du maintien de l'ordre et de la sécurité que s'est assignée l'Organisation n'a jamais été acquittée honorablement. Il eut plusieurs cas où l'ONUC se montrait peu entreprenante et aussi insouciante d'assurer l'ordre et la sécurité, à moins que nous entendions par-là, la seule sécurité des Européens dont l'Organisation se souciait beaucoup plus.

Les massacres de civiles sans défense dans la région de Bakwanga, comme le souligne le rapport du représentant spécial du Secrétaire général, Mr. Dayal, sur les exécutions au Sud-Kasaï (documents Nations-Unies S/4727 add. 1.), constituent une preuve incontestable de la passivité de l'ONUC pour l'accomplissement de sa mission. Dans le Nord du Katanga, les tueries se chiffraient par milliers. Mr. Jo Gérard, dans Eurafrica 1960, n°9, fait mention des assassinats politiques dans la Province Orientale, les sévices dans le Maniema et de nombreux disparus abandonnés à leur sort. Tous ces actes horribles se sont passés sous les yeux passifs des Forces des Nations-Unies chargées d'assurer l'ordre et la sécurité. Sur ce point, le Secrétaire général reconnut lui-même, dans son rapport, que l'ONU ne pouvait agir dans de tels cas, ce qui laisse entendre que son action conduirait au désarmement temporaire de l'Armée Nationale Congolaise. Cette mesure devait intervenir dans l'extrême limite du mandat de l'Organisation.

Dans certaines localités, plus particulièrement au Katanga, les casques bleus de l'ONU exhortaient la révolte et la guerre civile dans le seul but de saper l'autorité de fait, c'est-à-dire l'Etat indépendant du Katanga dirigé par Moïse Tshombe.

Ces faits tendent à donner une image autre des Nations-Unies que celle contenue dans sa propre Charte. Compte tenu de ces faits, il y a lieu de déduire que la mission de l'ONUC, consistait à maintenir l'ordre et la sécurité au Congo, n'était qu'une chimère, le but réel étant d'écarter la possibilité d'une confrontation entre les grandes puissances au Congo durant la "guerre froide" de l'époque. On peut aisément affirmer que la tâche de l'ONU dans cette crise à cette époque-là, de loin, la plus défaillante et la plus controversée dans son histoire, et d'ailleurs elle le demeure jusqu'aujourd'hui.

Le paragraphe 4 de la résolution du 9 août 1960 du Conseil de sécurité dispose que : "Réaffirme que la Force des Nations-Unies au Congo ne sera partie à aucun conflit interne, constitutionnel ou autre, qu'elle n'interviendra en aucune façon dans un tel conflit ou ne sera pas utilisée pour en influencer l'issue."

Cette disposition confirme les principes jurisprudentiels de la Force d'urgence des Nations-Unies établis et réaffirmés à maintes reprises par le Secrétaire général. Aux termes de cette disposition, l'ONUC ne devait pas intervenir dans la sécession du Katanga ou en influencer son issue du fait de son caractère constitutionnel et par conséquent un conflit d'ordre intérieur. Si nous nous tenons aux faits, nous pouvons dire que cette disposition n'avait pour effet d'édulcorer la résistance opiniâtre des autorités katangaises concernant l'entrée des Forces des Nations-Unies au Katanga.

En somme, cette disposition, insidieuse qu'elle puisse paraître, est inconciliable avec le paragraphe 2 de la résolution du 20 septembre 1960 qui dispose que :

«Prie le Secrétaire général de continuer de mener une action vigoureuse conformément aux termes des résolutions susmentionnées, d'aider le Gouvernement central du Congo à rétablir et à maintenir l'ordre public dans tout le territoire de la République du Congo et de SAUVEGARDER son UNITE, son INTEGRITE TERRITORIALE» (Documents des Nations-Unies A/1474)

Elle est, dans la plus forte raison, inconciliable avec le paragraphe 1ier de la résolution du 21 février du Conseil de sécurité autorisant le recours à la force, en cas de nécessité et en dernier ressort, pour empêcher la guerre civile et toutes opérations militaires au Congo.

De ce mandat très vague – Dag Hammarskjöld avait lui-même demandé au Conseil de sécurité de réaffirmer ses buts "avec clarté et tact" et pourtant les termes de la résolution du 14 juillet 1960 n'étaient autres que ceux qu'il avait recommandés au Conseil de sécurité – il en résulte que la véritable mission des Nations-Unies consistait à mettre la mainmise sur l'Administration congolaise, la neutraliser afin d'éviter que cet immense pays riche soit le sujet de convoitise internationale et de guerre froide ou chaude entre l'Est et l'Ouest.

Le problème de l'entrée des troupes de l'ONU au Katanga

La résistance des autorités katangaises face à l'entrée des troupes des Nations-Unies au Katanga trouve son origine dans la motivation même de l'intervention de celles-ci au Congo : le maintien de l'ordre et de la sécurité. En effet, au Katanga, l'ordre et la sécurité étaient bien assurés rendant ainsi inopportune et injustifiée la présence des casques bleus au Katanga. De plus, le Katanga s'était proclamé indépendant et pour une forte raison, l'ONU ne pouvait intervenir dans un conflit d'ordre intérieur. En outre, cette indépendance n'était pas à l'origine de la rupture de l'ordre et de la sécurité et ne constituait aucune entrave quant à l'accomplissement de la mission dont s'était chargé le Secrétaire général des Nations-Unies.

Dans l'esprit de Dag Hammarskjöld, le mandat du 14 juillet concernait TOUT le territoire congolais y-compris le Katanga. L'envoi des troupes de l'ONU dans cette région ne signifiait pas que les Nations-Unies se reconnaissaient un quelconque droit d'ingérence dans un conflit interne d'ordre constitutionnel. En un mot, l'envoi de la Force d'urgence n'était pas dirigé contre l'initiative de sécession.

Depuis l'adoption de la résolution du 14 juillet 1960 par le Conseil de sécurité, il a fallu plus de deux semaines pour décider de l'envoi des troupes au Katanga, malgré l'urgence qu'on prêtait à cette assistance.

Nous attribuons ce retard surtout aux réticences des autorités belges qui ne voyaient aucune nécessité de la présence de ces forces au Katanga étant donné que l'ordre y était maintenu. La Belgique savait trop bien qu'elle ne pourra résister très longtemps à l'intransigeance des Nations-Unies pour l'envoi des troupes au Katanga. Dès lors, son objectif était de prendre le dessus sur la volonté du Conseil de sécurité, retarder au maximum l'entrée des casques bleus afin de permettre la mise en place d'un dispositif de sécurité katangais capable de parer à toute tentative de l'Armée congolaise de s'emparer du Katanga, après le retrait des troupes belges. Tel sera, en majeure partie, le rôle de la Mission d'assistance technique belge au Katanga, dirigée par Mr. Rothschild en remplacement du comte d'Aspremont Lynden. Le major Crèvecoeur poursuivait activement, entre-temps, la mise sur pied d'une gendarmerie katangaise dont les cadres lui étaient fournis par les effectifs de l'ancienne Force Publique et des détachements de gendarmes en provenance de Belgique.

Nous attribuons également ce retard au fait que le Secrétaire général ne pouvait pas agir légalement au Katanga étant donné que la Force des Nations-Unies était une force de pacification et non des éléments offensifs et ceci, malgré l'impatience, la méfiance et les exigences des autorités centrales, plus particulièrement Patrice Lumumba. De plus Moïse Tshombe avait notifié au Secrétaire général la détermination du Gouvernement katangais de résister par tous les moyens à l'entrée des troupes de l'ONU au Katanga.

L'entrée des troupes de la Force des Nations-Unies initialement prévue pour le 6 août, s'est heurtée à une opposition opiniâtre des autorités katangaises, malgré l'assouplissement des réticences belges. Le Docteur Ralph Bunche qui se rendit, le 4 août au Katanga, à Elisabethville, avait pour mission de persuader Moïse Tshombe de collaborer avec les Nations-Unies en vue de parer une menace de l'intervention soviétique. La mobilisation de quelque 700 recrues et guerriers traditionnels, organisée à l'intention du séjour katangais du Secrétaire général adjoint de l'ONU et qui eut l'occasion de se manifester, lui donna l'impression qu'une opposition armée s'y manifesterait certainement dès l'arrivée des casques bleus de l'ONU. Le Docteur Bunche l'avait bien compris et d'autant plus qu'il se trouvait en face d'interlocuteurs aimables mais terriblement décidés.

Pourquoi une telle détermination ? La réponse est simple. La Force soi-disant de pacification risquerait tôt ou tard de se transformer en une force agressive, malgré les assurances répétées du Secrétaire général. C'est ainsi, comme l'avait souligné Mr. Pierre Davister, "David, pied ferme, attendait le puissant Goliath."

Nous avons vu dans les précédents des Nations-Unies qu'un cas s'était produit en 1957 pour lequel les autorités hongroises refusèrent l'accès sur leur territoire à un groupe d'observateurs de l'ONU y-compris le Secrétaire général lui-même. Dans cette affaire, la résolution de l'Assemblée générale resta sans effet pour une simple raison qu'une action coercitive pour forcer la porte hongroise aurait eu certainement des conséquences fâcheuses. C'est ici où réside la faiblesse de l'ONU.

Le cas du Katanga se différencie de celui-ci par le fait que la Hongrie est une nation reconnue par toute la communauté internationale alors que le Katanga ne l'était pas. Dans le contexte de politique internationale actuelle, c'est un argument percutant, mais il présente néanmoins des faiblesses. Nous avons souligné, dans la première partie, qu'une reconnaissance n'est qu'un problème d'ordre moral et politique et n'affecte nullement l'existence d'un Etat, si celui-ci peut se manifester par ses propres moyens. La seule différence pour le problème hongrois réside dans le fait de l'importance de la puissance interventionniste. Cette différence désavantage les petites nations qui sont de ce fait obligées d'obtempérer au désir de grandes puissances et rend ostensiblement le rôle de l'ONU comme un instrument de celles-ci.

Le rapport du Docteur Ralph Bunche était bien clair : une résistance armée serait opposée dès l'arrivée des casques bleus, Dag Hammarskjöld n'avait aucun mandat d'engager militairement l'ONU pour forcer la porte du Katanga. Une telle action aurait certainement suscité de vives réactions dans le monde occidental qui, jusque-là, appuyait les efforts de la Belgique au Congo. C'est ce qui justifie le départ précipité du Secrétaire général pour New York en vue de saisir le Conseil de sécurité pour l'examen de la situation posée par la résistance katangaise à l'entrée des troupes ONUC.

Le porte-parole des Nations-Unies à Léopoldville (Kinshasa) avait annoncé la nouvelle en ces termes : "il ressort du rapport du Dr. Raplh Bunche que les autorités du Katanga affirment et donnent des preuves qu'elles s'opposeront par la force à la mise en application de la résolution du Conseil de sécurité touchant l'entrée des Nations-Unies et par conséquent, l'entrée des unités militaires de l'ONU au Katanga ne sera possible que par le recours à l'usage de la force armée. Une telle initiative, par la Force de l'ONU, est contraire aux principes établis par le Conseil de sécurité pour le fonctionnement de la Force d'urgence et contraire aux conditions selon lesquelles les divers pays participants avaient consenti à envoyer des contingents. Dans ces circonstances, le Secrétaire général a donné au Commandement suprême l'ordre d'annuler l'envoi d'unités militaires de l'ONU au Katanga, samedi le 6 août 1960..." (Courrier d'Afrique des 6 et 7 août 1960)

En marge de la visite du Secrétaire général adjoint de l'ONU, Mr. Ralph Bunche, un incident s'est produit au Katanga, à Elisabethville, 24 heures après son arrivée. En effet, un avion qui est venu le chercher avait à son bord une mission d'installation de l'ONUC, forte d'une vingtaine de militaires déguisés en civils. L'appareil fut tenu en respect pendant plus d'une heure et fut contraint de rebrousser chemin. La raideur des autorités katangaises avait provoqué dans la capitale du cuivre une véritable explosion de fierté. Cet incident eut un effet positif sur l'annulation de l'entrée des troupes ONUC au Katanga.

Le Conseil de sécurité s'est réuni les 8 et 9 août 1960 pour l'examen de la situation posée par la résistance du Gouvernement katangais. Dans la séance d'ouverture, Dag Hammarskjöld avait recommandé au Conseil de sécurité de mettre au point des méthodes permettant l'application de ses résolutions antérieures sans toutefois changer les principes de non-intervention impartis à la Force des Nations-Unies au Congo. D'après lui, l'attitude du Gouvernement Tshombe représentait "un problème de politique intérieure" auquel les Nations-Unies, en tant qu'Organisation, ne sauraient être parties. L'entrée des troupes au Katanga ne signifierait nullement une prise de position dans un tel différend. Ce qui importait beaucoup plus c'était d'arriver à une solution heureuse du conflit, en protégeant les droits démocratiques de chacun d'exercer une influence, selon des formes démocratiques, sur la constitution finale de la République dont seul le peuple congolais devait décider.

Les difficultés des Nations-Unies ne venaient pas de l'attitude de la Belgique, puisque celle-ci avait acquiescé aux décisions du Conseil de sécurité. En effet, Mr. Wigny donna des garanties qu'aucun officier belge, quel que soit son statut, ne participera ou collaborera à d'éventuelles opérations contre l'ONU. Le problème ne résidait pas non plus dans le désir des autorités katangaises de se séparer de la République du Congo. Il s'agissait tout simplement d'une question constitutionnelle de type fédéral prévoyant plus d'autonomie pour les provinces que celle qui était en vigueur, problème dans lequel les Nations-Unies en tant qu'Organisation ne sauraient prendre parti.

La Force de l'ONU avait comme mission d'aider le Gouvernement central dans le maintien de l'ordre, mais non pas en tant qu'instrument politique.

Tous les représentants des pays membres permanents du Conseil de sécurité étaient unanime d'avis que l'entrée des forces des Nations-Unies au Katanga ne pouvait souffrir d'aucune entrave, même si certaines divergences subsistaient quant à l'accusation d'agression dont la Belgique était l'objet. Mais celle-ci se présentait devant le Conseil de sécurité non pas comme agresseur mais comme un plaignant.

Le représentant soviétique, Mr. Kouznetson, s'en prenait violemment au Secrétaire général qu'il accusait d'être agent des impérialistes contre la République du Congo. Il mit l'accent sur la "solidarité OTAN" pour l'annulation de l'envoi des troupes ONUC au Katanga qui est, selon lui, une concession faite à l'agresseur. Une action immédiate devait donc s'imposer et en cas d'opposition armée, les forces de l'ONU devraient recourir à la force dans le cas de légitime défense prévue par le Conseil de sécurité et résultant de l'interprétation du rôle de la Force d'urgence.

Mr. Cabot Lodge, le représentant des USA, avait reconnu la distinction faite par le Secrétaire général, dans son rapport, entre l'aspect politique intérieur du problème katangais qui était, selon lui, hors de la compétence des Nations-Unies et la tâche de celles-ci pour le maintien de l'ordre et de la sécurité ainsi que le retrait des troupes belges. Ce qui est très important est le fait d'avoir demandé d'appuyer la thèse selon laquelle les Nations-Unies ne peuvent intervenir dans la lutte opposant le premier ministre Lumumba et le président du Katanga, Mr. Moïse Tshombe. La conception américaine du problème katangais révèle une certaine antinomie quant à ce qui concerne l'attitude ultérieure des USA dans l'esprit général de la résolution du 24 novembre 1961 que nous tenterons d'analyser plus loin. Outre cette prise de position, dans le seul but de faciliter l'entrée pacifique des forces de l'ONU au Katanga, Mr. Cabot Lodge suggéra la nécessité d'assurer les autorités katangaises que la seule tâche de l'Organisation se limiterait au maintien de l'ordre et de la sécurité ainsi que le retrait des troupes belges. La résolution adoptée par le Conseil de sécurité, nous le verrons, était inspirée par l'idée américaine.

Deux projets de résolution furent présentés, l'un par l'Union soviétique et l'autre par la Tunisie et le Ceylan (Sri Lanka). Le premier fut rejeté surtout pour son esprit anti-belge. Il comportait en effet, deux points importants :

1. "Constate que le Gouvernement de Belgique viole brutalement les décisions du Conseil de sécurité demandant le prompt retrait des troupes belges du territoire du Congo et la garantie de l'intégrité territoriale et de l'indépendance politique de la République du Congo ;

2. "Fait OBLIGATION au Secrétaire général de l'ONU de prendre des mesures décisives et de recourir à cette fin à tous les moyens d'action visant au retrait des troupes belges du territoire du Congo et à la cessation des actions contre l'intégrité territoriale de la République du Congo." (Document des Nations-Unies S/PV 884 à 886)

Pour l'Union Soviétique, la sécession katangaise était le résultat de l'intervention étrangère, dès lors, elle cessait pour eux, de ce fait, d'être considérée comme une affaire intérieure, même après le repli forcé des troupes belges.

Le projet présenté conjointement par la Tunisie et le Ceylan (Sri Lanka) fut adopté, le 9 août 1960, par 9 voix sans opposition et 2 abstentions (la France et l'Italie). Nous retenons de cette résolution deux paragraphes importants :

3. "Déclare que l'entrée de la Force des Nations-Unies dans la province du Katanga est nécessaire à la pleine mise en application de la présente résolution ;

4. "Réaffirme que la Force des Nations-Unies au Congo ne sera partie à aucun conflit interne, constitutionnel ou autre, qu'elle n'interviendra en aucune façon dans un tel conflit ou ne sera pas utilisée pour en influencer l'issue" (Document =s/4426).

Cette résolution posait deux alternatives au Secrétaire général de l'ONU. Il fallait à l'Organisation, ou bien se frayer un chemin par la force pour pénétrer au Katanga et par là satisfaire aux exigences de Lumumba consistant à provoquer la révolte générale dans cette province dissidente ; ou bien maintenir intact le prestige de l'Organisation en recourant aux négociations avec Moïse Tshombe pour l'entrée des casques bleus au Katanga sans pour autant mettre en question son indépendance. Mr. Hammarskjöld prit la responsabilité personnelle d'engager des pourparlers et de procéder à un franc échange de vues avec les autorités katangaises, malgré de vives diatribes de l'Union Soviétique et du Gouvernement congolais dont il était l'objet.

Le 9 août 1960, Mr. Dag Hammarskjöld adressa un télégramme à Moïse Tshombe en ces termes :

"...J'ai maintenant l'honneur de Vous adresser la question suivante : si vous et les autorités dont Vous avez la charge acceptez les obligations qui incombent à tous sur la base de la résolution et si vous vous soumettez au même devoir de coopération qui s'impose au Gouvernement belge, étant donné l'extrême urgence du problème, vous voudrez, j'en suis sûr, envoyer votre réponse sans délai. En cas de réponse favorable, je prendrai des dispositions en vue des pourparlers nécessaires avec vous..."

La réponse de Moïse Tshombe fut, contrairement à toute attente, favorable aux pourparlers comme préalables à l'entrée des forces de l'ONU au Katanga. Ce qu'il faut souligner dans l'attitude du leader katangais, c'est le fait d'assurer le Secrétaire général et sa suite d'être reçus dans l'ordre et avec la plus grande courtoisie.

A New York, la réponse de Moïse Tshombe fut bien accueillie et interprétée comme un premier pas dans le processus de pacification générale du Congo.

Le 12 août 1960, Mr. Hammarskjöld mit pieds sur le sol katangais, en compagnie du général Kettana (Maroc), commandant en chef adjoint de la Force des Nations-Unies, le général Rikhye (Inde), conseiller militaire auprès du Secrétaire général pour les opérations au Congo, des conseillers civils du siège de l'Organisation et deux compagnies du bataillon suédois en uniformes placées sous son autorité personnelle et exclusive et n'ayant droit qu'en cas de légitime défense.

Bien que Hammarskjöld se montrât ferme en réfutant tout accord basé sur des conditions qui seraient contraires aux règles constitutionnelles déterminant leurs relations, Moïse Tshombe posa néanmoins dix conditions préalables à l'entrée pacifique des troupes de l'ONU au Katanga, les voici ci-dessous :

1/ Pas d'éléments d'obédience communiste ou systématiquement hostiles au Katanga dans le contingent des troupes internationales qui sera envoyé. Interrogé sur ce sujet, le président Tshombe a précisé qu'il avait à l'esprit le Ghana et la Guinée entre autres.

2/ Engagement de l'ONU de ne pas s'immiscer dans les affaires intérieures du Katanga.

3/ Le gouvernement katangais gardera conjointement avec les forces de l'ONU le contrôle des voies d'accès au Katanga. Il sera seul juge des conditions d'admission ou de refoulement des personnes et des marchandises.

4/ L'ONU ne mettra pas ses avions à disposition des émissaires de Lumumba.

5/ Elle ne s'immiscera pas dans la justice et l'administration du Katanga.

6/ Elle ne s'opposera pas à la réorganisation des forces katangaises qui garderont leurs armes. Le gouvernement du Katanga prendra en charge les armes laissées par les Belges à la base de Kamina lors de l'évacuation des troupes belges.

7/ Le statu quo politique sera maintenu sur la base de la nouvelle Constitution du Katanga. Le Katanga sera libre d'entrer en pourparlers avec tout gouvernement de l'ex-Congo belge ou d'une partie de celui-ci.

8/ Le Katanga fera librement appel à tous les experts et techniciens étrangers.

9/ L'ONU s'opposera dans tout le Congo à l'armement d'organisations paramilitaires politiques.

10/ Les troupes occupants de l'ONU ne resteront pas inactives, mais interviendront, le cas échéant, contre les fauteurs de troubles au Congo.

Si ces conditions ne sont pas remplies, a précisé Moïse Tshombe, le gouvernement katangais reste prêt à recourir aux armes. Il a ajouté qu'il tenait à ce que l'ONU entre officiellement en négociations avec lui et que lui-même n'acceptait les pourparlers que pour éviter un conflit armé.

En posant ces conditions, le leader katangais voulait se rendre compte de la sincérité des assurances que son interlocuteur ne cessait de lui donner. Certaines de celles-ci avaient trait à la reconnaissance implicite de l'existence du Katanga comme un Etat indépendant. C'est dans cette conception des choses que le Secrétaire général de l'ONU en avait rejeté deux. Ce qui importait beaucoup plus pour le Gouvernement katangais est le fait d'amener le Secrétaire général de l'ONU à engager des pourparlers directs et officiels avec lui.

Un fait important est venu étayer ces pourparlers. Tshombe avait entraîné le Secrétaire général de l'ONU à reconnaître dans un communiqué commun publié à l'issue de ces négociations, le principe fondamental de non-ingérence dans les affaires intérieures du Katanga. Ce principe interdisait à l'ONUC de prendre position en faveur de l'une ou l'autre partie en conflit. Les casques bleus étaient autorisés à stationner dans l'ensemble du Congo, c'est-à-dire, dans ses frontières du 30 juin, et ils étaient soumis à des règles extrêmement strictes, ce qui veut dire qu'ils ne pouvaient en aucun cas peser sur le cours de la politique intérieure congolaise et qu'ils ne pouvaient utiliser leurs armes qu'en cas de légitime défense. En un mot, ils ne pouvaient pas intervenir. Sur ce plan, Moïse Tshombe avait marqué un point contre son interlocuteur.

Ces pourparlers eurent pour conséquences immédiate, la proclamation de l'indépendance de l'Etat autonome du Sud-Kasaï par Albert Kalonji, encouragé par l'initiative réussie de Moïse Tshombe.

Quelles furent les différentes réactions ?

La première réaction est venue de Moscou où l'on accusait le Secrétaire général d'avoir pris parti pour Moïse Tshombe. Ces pourparlers avec un gouvernement "rebelle" marquèrent d'ailleurs le début du conflit ouvert entre Dag Hammarskjöld et l'Union Soviétique qui finit par exiger la démission de celui-ci, répétant ainsi son expérience réussie dans la crise coréenne où Mr. Lie Trygve fut contraint de démissionner.

Patrice Lumumba, très mécontent, contesta, par téléphone, point par point, le rapport de Hammarskjöld fait au Gouvernement congolais sur son voyage à Elisabethville (Lubumbashi) au Katanga, où il venait d'avoir des négociations avec Moïse Tshombe. Il lui dit notamment : "les conversations que Vous venez d'avoir avec Moïse Tshombe, les assurances que Vous lui avez données, démontrent que Vous avez pris parti dans le conflit. Vous avez agi de connivence avec le gouvernement rebelle du Katanga et avec le Gouvernement belge..."

En conclusion, il lui dicta six exigences, parmi lesquelles nous en retenons deux qui nous intéressent particulièrement :

- L'action de l'ONU doit s'effectuer dans une atmosphère de collaboration confiante avec le Gouvernement central ;

- Le Gouvernement central doit être régulièrement informé des activités des forces de l'ONU au Congo afin qu'une identité de vues soit obtenues.

Pour ces deux points, si nous nous référons au paragraphe 2 de la résolution S/4387 du 14 juillet 1960 du Conseil de sécurité, autorisant le Secrétaire général de "prendre, en consultation avec le Gouvernement de la République du Congo, les mesures nécessaires en vue de fournir à ce gouvernement l'assistance militaire dont il a besoin...", nous pouvons en déduire que le Secrétaire général avait failli à son mandat !

La Résolution de l'ONU du 21 février 1961 et ses conséquences

Cette résolution fut adoptée dans des circonstances exceptionnelle, c'est-à-dire, dans un climat d'indignation totale provoquée par l'annonce de la mort de Patrice Lumumba.

Jusque-là, le Conseil de sécurité était influencé par la déclaration du groupe de Casablanca consistant à :

- Désarmer les hommes aux ordres du Colonel Mobutu et plus particulièrement le Collège des Commissaires généraux considéré comme une institution illégale ;

- Libérer tous les prisonniers et détenus politiques dont Patrice Lumumba ;

- Convoquer le Parlement de la République du Congo en vue de la formation d'un gouvernement légal ;

- Retirer du territoire congolais tout le personnel militaire et paramilitaire ainsi que les conseillers et techniciens belges ;

- Remettre au Gouvernement légitime du Congo (gouvernement à former) tous les aéroports civils et militaires, les stations de radio et tous les établissements publics dont le contrôle lui échappait. (Documents des Nations-Unies S/PV.928-932)

Même les USA s'étaient prononcés, comme le groupe de Casablanca, pour l'expulsion de tous les techniciens belges du Congo malgré l'opposition du représentant du Congo à tout projet de résolution basé sur l'esprit de la déclaration de ce groupe.

Bref, tout le monde était unanime sur un point : la libération immédiate de Lumumba et de ses compatriotes. Mais cette libération, de l'avis du représentant français, Mr. Armand Berard, s'imposait comme un impératif du respect des Droits de l'homme dont devait bénéficier Lumumba, en sa qualité d'homme et non en en son ancienne qualité de premier ministre dont il était légalement déchu.

Dès l'annonce de sa mort, la poursuite des discussions sur les données précitées était rendue radicalement sans signification, et on accusa les colonialistes d'avoir commis un nouveau crime sous le drapeau bleu des Nations-Unies.

La mort de Lumumba ne fut pas une bonne chose pour le Katanga, pas du tout, un Lumumba vivant fut un gage pour la survie de l'Etat indépendant du Katanga. L'esprit général était qu'il faudrait prendre des mesures rigoureuses tendant à éloigner des éléments étrangers au service de Moïse Tshombe et éviter la possibilité d'une guerre civile au Congo. C'est ce qui explique la rigueur du projet de résolution présenté conjointement par la République Arabe Unie, le Ceylan (Sri Lanka) et le Libéria et adopté par le Conseil de sécurité, le 21 février 1961. La résolution adoptée était ainsi libellée :

Première Partie :

..."Ayant appris avec un profond regret la nouvelle du meurtre des dirigeants congolais, Mr. Patrice Lumumba, Mr. Maurice M'Polo et Mr. Joseph Okito ;

1. Demande instamment que les Nations-Unies prennent immédiatement toutes mesures appropriées pour empêcher le déclenchement d'une guerre civile au Congo, notamment des dispositions concernant le cessez-le-feu, la cessation de toutes opérations militaires, la prévention de combats et le recours à la force, si besoin est, en dernier ressort ;

2. Demande instamment que des mesures soient prises pour le retrait et l'évacuation immédiate du Congo de tous les personnels militaires et paramilitaires et conseillers politiques belges et d'autres nationalités ne relevant pas du Commandement des Nations-Unies, ainsi que des mercenaires ;

3. Décide qu'une enquête impartiale aura lieu immédiatement en vue de déterminer les circonstances de la mort de Lumumba et des collègues et que les auteurs de ces crimes seront châtiés..." (Documents Nations-Unies S/PV 933).

Entre parenthèse cette enquête impartiale de l'ONU n'aura pas lieu et les vrais auteurs de ces crimes ne seront jamais châtiés par l'ONU !

Outre la mort de Lumumba, la résolution était aussi influencée par les exécutions systématiques dans le Sud-Kasaï, d'après le rapport de Mr. Dayal des 18 et 20 février 1961. (Documents Nations-Unies S/4727)

En ce qui concerne le recours à la force dont il est question dans le paragraphe premier, il faut noter que le Secrétaire général avait affirmé qu'en cas de menace d'engagement entre groupes armés, les Nations-Unies auront "recours à tous les moyens, sauf le recours à la force, pour empêcher, par des négociations, par l'établissement de zones neutralisées, Par un cessez-le-feu et par d'autres mesures analogues,..." un tel engagement de se produire (Documents Nations-Unies S/PV 934-939)

Et attirons notre attention sur un point bien particulier qui ne joue pas en faveur des Nations-Unies : Patrice Lumumba, avant son transfert prévu pour Bakwanga (Mbuji-Mayi), fut arrêté par les autorités centrales de Léopoldville (Kinshasa) alors qu'il se trouvait sous protection des Nations-Unies !

Revenons à notre fameuse résolution, car cette résolution ne plaisait pas au groupe d'Etats africains dit "d'expression française" comprenant les anciennes colonies françaises qui souhaitaient une solution africaine de la crise congolaise, excluant ainsi toute formule imposée par les Nations-Unies.

Ceci n'était pas entré dans les oreilles de sourds au Katanga. Ainsi, le Katanga et Moïse Tshombe deviendront le moteur et le cerveau de cette solution africaine, en proposant et en mettant sur pieds la Conférence de Tananarive et celle de Coquilhatville.

Le Katanga et les tentatives congolaises d'une solution pacifique à la crise

Le paragraphe 3 de la résolution du 20 septembre 1960 de l'Assemblée générale, fait appel à tous les Congolais de rechercher une solution rapide, par des moyens pacifiques, à tous leurs conflits internes en vue de l'unité et l'intégrité du Congo.

Depuis la proclamation de l'indépendance du Katanga, Moïse Tshombe n'avait jamais abandonné l'espoir d'arriver un jour à un accord pacifique du problème entre les Congolais. Il avait, à cet effet, multiplié les efforts pour y parvenir. Le Courrier d'Afrique du 14 septembre 1960 publia un télégramme de Tshombe adressé à Mr. David Dacko, Chef de l'Etat de la République Centrafricaine, lui demandant de soutenir ses efforts pour réunir, sur pied d'égalité complète, une conférence générale des leaders politiques de l'ex-Congo Belge, pour rechercher une solution originale et africaine susceptible de ramener l'ordre.

En sus, l'article premier de la Constitution de l'Etat du Katanga ne rejetait pas la possibilité d'une entente entre tous les Congolais pour sauvegarder l'unité du pays sur une base confédérale.

Cette volonté suffit pour expliquer que l'indépendance katangaise n'était autre qu'un moyen de pression en vue d'obtenir des concessions importantes dans le sens de la Confédération, et d'obtenir ce qui avait été volé, confisqué et détourné lors de la Table Ronde Belgo-Congolaise, notamment : le Fédéralisme. Tshombe et le Katanga souhaitaient la formation d'une Confédération des Etats-Unis du Bassin du Congo, fondée sur la liberté et l'entente parfaites de tous les peuples congolais. L'indépendance du Katanga, il l'a souvent répété, n'était pas dirigée contre la Nation congolaise, mais uniquement pour obtenir des concessions plus avantagées qu'un simple fédéralisme.

La solution politique de la crise était possible par le fait que l'idée d'une confédération d'Etats avait gagné du terrain, même au sein des partis politiques qui, jadis, défendaient d'une manière acharnée l'unité centralisée du Congo. Quatre provinces sur six adoptèrent cette formule. Il s'agissait de la province de Léopoldville avec le Bas-Congo, le Kasaï avec le Sud-Kasaï, l'Equateur et le Katanga. Du côté gouvernemental, Mr. Kasavubu, tout en dénonçant l'ingérence étrangères dans les affaires intérieures du

Congo, s'employait activement dans la recherche d'une solution congolaise dans l'intérêt national. Tel était également le désir de Mr. Justin Bomboko.

De plus, l'accord militaire conclu à Elisabethville entre Iléo, Kalonji et Tshombe marqua d'ailleurs un pas important dans la voie de réconciliation entre Congolais.

Cette volonté unanime, du moins, de résoudre le conflit par les Congolais eux-mêmes se matérialisa par une attitude hostile à l'égard des Nations-Unies qui cherchaient à imposer aux Congolais une solution politique contre leur volonté et leurs droits légitimes et ceci pour l'intérêt des puissances étrangères.

Ainsi, une première tentative de solution à cette crise fut la Conférence de Tananarive au Madagascar.

A/ *Première tentative : La Conférence de Tananarive du 8 au 12 mars 1961*

Cette conférence s'était déroulée sous le signe de la "Conférence de la dernière chance" dont le but était de rechercher une solution originale et africaine susceptible de sauvegarder l'unité du Congo, à l'insu de toute ingérence étrangère ! Un proverbe dit notamment que "le linge sale se lave en famille." C'est très important, pour une fois les Congolais arrivent à se réunir au tour d'une table pour la recherche d'une solution à leur conflit. C'est effort qu'il faut louer surtout si l'on tient compte des influences étrangères dans cette crise.

Ce qu'il faut souligner dans cette tentative est le rapprochement des éléments modérés du Congo suscité par la crainte de la conquête imminente du pays par les forces extrémistes de Stanleyville, tout juste après la mort de Lumumba. C'est ce qui traduit l'image de la Conférence. Il faut également noter que deux provinces n'y étaient pas représentées. Il s'agit de la Province Orientale et le Kivu passés sous l'autorité de Mr. Antoine Gizenga considéré comme "le Chef légal" du Gouvernement congolais par l'Union Soviétique et ses alliés, après la mort de Lumumba.

Les délégations présentes à Tananarive jetèrent les bases de la confédération d'Etats du Congo. Les résolutions adoptées représentaient, pour les dirigeants de Léopoldville qui les ont d'ailleurs signées, de très importantes concessions à l'égard des thèses soutenues par Moïse Tshombe. Quatre dispositions méritent d'être soulignées :

- La reconnaissance des Etats de fait représentés à la Conférence dont les autorités exerçaient le pouvoir effectif ;

- La reconnaissance de Mr. Kasavubu comme président de la Confédération ;

- La reconnaissance de l'accord militaire signé à Elisabethville par Iléo, représentant du Gouvernement central, Kalonji, représentant de l'Etat autonome du Sud-Kasaï et Moïse Tshombe ;

- Le rejet des résolutions du Conseil de sécurité et plus particulièrement celle du 21 février 1961.

Du fait de cet accord, le rôle des Nations-Unies au Congo était réduit à sa simple expression. En somme, c'est toute la mission de l'ONUC qui était affectée et par là, le Congo se trouvait exposé aux influences de toute nature. Or il en ressort que les USA ne pouvaient tolérer un tel marché. Même si le président Kennedy devait visiblement soutenir les efforts de Tananarive, mais il avait, par contre, d'autres sujets d'inquiétudes. En premier lieu, il devait s'inquiéter de la caducité des résolutions des Nations-Unies du fait de cet accord. Or l'intérêt des USA était de voir l'ONUC jouer un rôle de premier plan afin d'éviter que cet immense pays riche soit le théâtre de convoitise internationale ; en un mot, éviter que le Congo soit un point de départ pour l'expansion communiste en Afrique. C'est ce qui explique leurs efforts consentis dans le financement et l'équipement de l'Opération des Nations-Unies au Congo. Sans leur aide, sans leur appui, l'ONUC serait devenue une entreprise condamnée.

En deuxième lieu, la confédération du Congo laisserait survivre un Etat lumumbiste, dans la province Orientale, jouissant d'une grande indépendance, Etat qui pensait-on pouvait devenir un second Cuba africain.

Quant à l'Union Soviétique qui accusait les "impérialistes" d'avoir savamment démembré le Congo par l'entremise de "traîtres congolais", elle avait tout intérêt de critiquer les magnifiques et heureux résultats de Tananarive aussi longtemps qu'elle ne cessait de considérer Gizenga comme le Chef légal du Gouvernement congolais.

Pour d'autres, plus particulièrement Nkrumah du Ghana, la Conférence de Tananarive constituait un acte d'abdication de la part de Kasavubu qui représentait un Etat qui n'existait pas. Le temps et l'histoire ont donné tort à Nkrumah, le Confédéralisme fut bel et bien la seule et unique solution salutaire à l'époque et la demeure encore de nos jours.

Seule la Belgique s'était félicitée de solutions adoptées à Tananarive. La France et le Royaume-Uni n'avaient pris aucune position ouverte mais leur attitude laissait cependant croire qu'ils rallaient les initiatives prises par les Congolais eux-mêmes et dans leur intérêt.

Du côté congolais, nous avons retenu trois réactions importantes :

1. Le représentant de Mr. Antoine Gizenga au Caire fit, au nom de ce dernier, une déclaration dont nous reproduisons certains passages : "...La Conférence des leaders congolais qui se tient actuellement à Tananarive, capitale de la République Malgache, sous les auspices des traîtres et fantoches : Tshombe, Iléo et Kasavubu, en vue de résoudre la crise congolaise, a été convoquée intentionnellement par les ennemis de la liberté du peuple congolais... De l'avis du Gouvernement légal (Gouvernement de Gizenga) la vie normale de la Nation congolaise ne peut être rendue possible que si les conditions suivantes sont remplies : - que le Gouvernement légitime reprenne ses activités normales sur l'ensemble du territoire de la République – que des conditions favorables soient créées pour faire fonctionner le Parlement congolais qui décidera souverainement de la destinée du peuple congolais... Cela étant, le Gouvernement considère que toute recherche d'une solution sans tenir compte de ces considérations serait une tentative vaine, car traiter le problème du Congo en dehors de la voie de représentants librement élus par le peuple, c'est travailler contre son peuple..."

Le pauvre Mr. Gizenga, paix à son âme, il aurait mieux fait de participer à cette Conférence et de figurer parmi les signataires, aveuglé qu'il fut par le concept illusoire marxiste-communiste.

2. Mr. Jason Sendwe, dans son télégramme adressé à Kasavubu et aux principales personnalités présentes à Tananarive, exprima son désir de sauvegarder l'unité centrale et combattre énergétiquement l'Etat du Katanga de Moïse Tshombe. En sus, il dénia catégoriquement à Moïse Tshombe le pouvoir de représenter la totalité du Katanga. Pour lui, le Katanga était divisé en deux états distincts, le Nord avec lui-même comme Président, et le Sud avec Tshombe comme président.

Le pauvre, paix à son âme, lui aussi, s'était complètement gouré. L'histoire est têtue.

3. Et finalement, la réaction d'un personnage qui jouera un sale et mauvais rôle, notamment Mr. Justin Bomboko. Ce sieur n'avait pas participé aux travaux de Tananarive, soi-disant pour des raisons de santé ! Il remit un

mémorandum au Chef de l'Etat, Mr. Kasavubu. Dans ce mémorandum, il attirait l'attention sur des interventions des Nations-Unies dans la politique intérieure du Congo si les résolutions de Tananarive n'étaient pas considérées comme des "déclarations d'intention". Ces résolutions devaient selon lui être soumises à une Table ronde qui leur donnerait l'équivalent de l'approbation populaire et qui pourrait les approuver ou les modifier ou encore les rejeter. Les décisions de cette Table ronde pourraient être approuvées officiellement soit par le Parlement, soit par un referendum populaire. En somme, ce mémorandum invitait Kasavubu à prendre ses distances à l'égard des résolutions de Tananarive. Ce qu'il faut retenir est le fait que Bomboko était une des personnalités congolaises qui jouissaient de beaucoup d'influence et d'estime. Dès lors, toute son observation devait avoir plus de poids.

A Léopoldville, Kasavubu avait adressé un télégramme au Président de l'Assemblée générale des Nations-Unies lui demandant, en raison de l'union qui venait de s'opérer entre diverses régions du Congo, d'annuler la résolution du Conseil de sécurité du 21 février 1961. Par contre, il maintenait l'assistance économique et financière de l'Organisation à condition de respecter la souveraineté congolaise.

A Elisabethville, le ton était le même. En effet, Moïse Tshombe fit savoir, de son côté, à Dag Hammarskjöld que la résolution du 21 février 1961 était sans objet du fait qu'elle constituait une ingérence dans les affaires intérieures d'un Etat souverain et également du fait des décisions de Tananarive.

Comment peut-on expliquer le revirement des autorités de Léopoldville (Kinshasa) de la solution exclusivement congolaise, acceptée par toutes les parties participantes à la Conférence de Tananarive dans le cadre de sauvegarder l'unité du pays, sous les Etats-Unis confédéras du Bassin du Congo, pour de nouveau imposer à l'ensemble du pays cette malheureuse structure politique qu'est un Etat centralisé ?

Premièrement l'Union Soviétique ne cachait pas son hostilité aux résultats de Tananarive, deuxièmement les USA s'inquiétaient non seulement de l'inapplication des résolutions de l'ONU mais aussi de l'existence, à l'Est du Congo d'un Etat lumumbiste, dans la province Orientale, et troisièmement il y eut ce fameux mémorandum de Justin Bomboko au Chef de l'Etat, Mr. Kasavubu, et ce mémorandum deviendra le prélude du malheureux accord du 17 avril 1961 entre l'ONUC et les autorités congolaises. Et cet accord sera déterminant dans l'échec des résolutions de Tananarive.

Aux termes de cet accord, les autorités de Léopoldville (Kinshasa) devaient renoncer à pousser plus loin la réconciliation entre Congolais en dehors des Nations-Unies et entrer dans la voie de la collaboration avec l'Organisation en vue de résorber la sécession katangaise, grâce, bien entendu, à des appuis internationaux, seul le pouvoir central avait le soin d'examiner les problèmes de retrait et d'évacuation des conseillers étrangers indésirables au service des autorités provinciales. Cet accord, approuvé par le Conseil de sécurité et plus tard par la Conférence de Coquilhatville (Mbandaka) après l'arrestation de Moïse Tshombe, tendait à soumettre le maintien des conseillers étrangers au service du Katanga à l'autorisation expresse du Président Kasavubu.

Compte tenu de toutes ces tractations politiques, nous déduisons que l'ONU ne pouvait jamais tolérer une solution pouvant intervenir entre les Congolais en dehors d'elle et surtout non à son bénéfice. Sans cette ingérence manifeste de l'ONU le conflit congolais n'aurait pu se prolonger et les Etats-Unis Confédérés du Bassin du Congo aurait eu un futur plus que radieux.

Voyons ce qui s'est déroulé lors de cette conférence de Coquilhatville.

B/ Deuxième tentative : La Conférence de Coquilhatville du 24 avril au 28 mai 1961

L'article 8 de la résolution 3 de Tananarive prévoyait une conférence des présidents des Etats membres afin de déterminer les modalités de fonctionnement de la structure confédérale.

Contrairement à ce qui était prévu, Coquilhatville fut retenue comme milieu de rencontre après une série de propositions, entre autres : Bakwanga (Mbuji Mayi) et surtout Kamina proposé par Moïse Tshombe et rejeté en raison de la présence des troupes indiennes des Nations-Unies.

La Conférence de Coquilhatville groupait tous les principaux chefs politiques du Congo, à l'exception, comme à Tananarive, de la province Orientale et le Kivu, soit six cents participants au total. Il faut souligner cette fois-ci la présence du leader Balubakat, Mr. Jason Sendwe, qui n'était pas invité à Tananarive et ceci après l'arrestation de Moïse Tshombe.

Il faut noter également que cette conférence avait une vocation controversée. Pour le Gouvernement katangais, il s'agissait d'une pré-conférence des chefs d'Etats destinée à préparer la véritable Table ronde d'Elisabethville, en vertu de l'article 10 de la résolution 3 de Tananarive. Par contre, les dirigeants de Léopoldville (Kinshasa) n'entendaient pas se lier aux décisions prises à Tananarive, même si Kasavubu, dans son discours d'ouverture, avait mis l'accent sur ces résolutions qui caractérisaient, selon lui, un esprit réel d'entente nationale. Celles-ci devaient être revues et complétées non seulement dans leurs détails mais aussi dans leur substance même.

Le point important de l'ordre du jour était donc la détermination des critères devant décider de la formation des futurs Etats. En effet, au Katanga, un Etat dissident s'était constitué dans le Nord, et ceci va justifier la présence de Mr. Jason Sendwe à Coquilhatville et son admission comme représentant du Nord-Katanga, chose que Moïse Tshombe n'aurait pu admettre, alors que Sendwe n'avait pas de pouvoir effectif sur cette région et aucun sur le Sud-Katanga, tout en ayant à l'esprit qu'une grande partie du Nord-Katanga manifestait son adhésion au Gouvernement présidé par Moïse Tshombe.

Quant à la conférence elle-même, sa réussite semblait, au départ, compromise. On se trouvait en présence de deux événements politiques inconciliables : la Conférence de Tananarive qui consacrait l'unité confédérée du Congo d'une part et l'Accord ONU-Gouvernement central du 17 avril 1961 d'autre part. Après cet accord, la Conférence de Coquilhatville n'avait plus de raison d'être, sinon, nous pouvons dire qu'elle n'était autre qu'une manœuvre insidieuse contre les dirigeants katangais. Une fois de plus Léopoldville (Kinshasa) trahira le Katanga.

Moïse Tshombe savait trop bien combien son déplacement à Coquilhatville était plus périlleux que prévu. Ce qu'il faut louer, ce sont son courage et son désir d'arriver à un accord négocié entre les Congolais en dehors des Nations-Unies. Un tel objectif ne pouvait être atteint tant que l'accord ONUC-Gouvernement central ne serait pas dénoncé solennellement par ses consignateurs, dont Mr. Kasavubu. Ce préalable du leader katangais plaçait dans une mauvaise posture le Chef de l'Etat qui ne pouvait dénoncer cet accord sans perdre l'appui politique qu'il bénéficiait des Nations-Unies et des USA. Il ne pouvait pas non plus, par orgueil, obtempérer à une exigence d'une autorité du Katanga. Or, la recherche, d'une solution négociée sans Tshombe était un effort inutile. C'est ce qui fait le poids de leader katangais et explique le geste accompli par Kasavubu, à bon gré mal gré, pour convaincre Moïse Tshombe à reprendre sa place à la Conférence, en l'assurant de discuter préalablement de l'attitude à adopter à l'égard de l'ONU, le 26 avril. En somme, Kasavubu, n'avait aucune haine en la personne de Tshombe. Il comptait certainement sur Tshombe pour arriver à un accord négocié. C'est dans cette optique des choses qu'il refusa à Mr. Justin Bomboko d'entrer en contact avec le leader katangais détenu comme prisonnier à l'aéroport de Coquilhatville.

Le refus de Moïse Tshombe de reprendre sa place aux travaux de la Conférence, son départ précipité, etc. motivèrent son arrestation brusque. Ce fait devait compromettre toutes les chances de réussite de la Conférence. Moïse Tshombe était non seulement une des grandes figures mais aussi un grand concerné dans la recherche d'une solution de la crise. Dès lors sa présence s'avérait nécessaire.

Donc son arrestation induisait l'échec de cette deuxième initiative congolaise dans la recherche d'une solution négociée. En marge de cet événement, l'Armée Nationale Congolaise, Mr. Bomboko, les autorités belges et les Nations-Unies étaient tous trempés. Ils auront chacun une grande responsabilité dans cet échec. Voyons un peu de plus près leur rôle respectif.

Premièrement, le rôle de l'ANC (Armée Nationale Congolaise). La responsabilité de l'ANC se traduit dans le fait de l'arrestation elle-même de Tshombe et surtout dans le message, en lingala, remit aux délégués, message qui était ainsi libellé : "Civils, c'est votre dernière conférence. Vous ne partirez pas d'ici tant que tout ne sera pas réglé. Nous n'accepterons pas de conférence ni à Élisabethville ni à Bakwanga ni à l'étranger ni nulle part ailleurs. La Table Ronde doit finir à Coquilhatville..."

Certains avait attribué cette responsabilité aux éléments militaires venus de Stanleyville le jour même. Enfin, quel que soit le rôle joué par l'ANC dans cette arrestation, il n'est cependant pas exclu que les militaires aient été inspirés par des groupes politiques. Si nous nous limitons aux usages, un soldat ne prend pas d'initiatives personnelles sans qu'il en ait reçu l'ordre. Ce qui est important et ce qu'il faut souligner est le fait que Moïse Tshombe lui-même avait mis en cause Mr. Justin Bomboko et certains conseillers belges d'avoir monté le coup contre lui. En conclusion, l'ANC n'y était pour rien.

Par contre le rôle de Bomboko est vachement intéressant. De deux signataires de l'accord ONUC-Gouvernement central, Bomboko ne supportait pas Moïse Tshombe. A Coquilhatville, il avait d'ailleurs formulé des accusations contre sa personne. Il l'accusa notamment d'avoir répandu, au cours de son meeting dans le Camp militaire de Coquilhatville, de faux bruits selon lesquels, l'accord du 17 avril concernait le désarmement de l'ANC. Devant la Conférence, Bomboko s'est élevé contre Tshombe en ces termes : "si je me rends au Katanga et si j'y fais à ma tête, Tshombe n'hésitera pas à m'arrêter. Si un leader politique s'attelle à lancer "chez nous", des propos démagogiques, nous demanderons au Président de la Province de l'Equateur de prendre ses responsabilités..." En deuxième lieu, dans une note adressée au Président Youlou du Congo Brazzaville, il fit savoir que Tshombe sera jugé pour crime de haute trahison et que quatre chefs d'accusation était retenus contre lui :

- Les massacres des Baluba dans le Nord-Katanga et la mort de Lumumba (alors que Tshombe était innocent de ces deux accusations)

- La contrefaçon de la monnaie qui, selon lui, est un crime passible de travaux forcés ; (il s'agissait ici de l'émission de la monnaie katangaise) ;

- La rébellion contre le Gouvernement central, sous la direction d'éléments étrangers ;

- Le vol de divers biens appartenant à la République du Congo (Bomboko faisait allusion à l'avion que Tshombe utilisait pour ses déplacements).

Bien évidemment, ce furent toutes des accusations soit fausses et ridicules.

Bomboko affirma en outre, qu'en arrêtant Tshombe, l'Armée avait agi sur l'ordre du Gouvernement central. Ce propos confirme que l'ANC agissait sur ordre des politiques dans cette affaire. Selon Bomboko, le leader katangais fut arrêté parce qu'il a toujours refusé de négocier, ce qui était tout à fait faux.

Ce qui est plus flagrant encore, c'est la déclaration faite par la même personne révélant ainsi ce qui aurait pu arriver après l'arrestation de Tshombe, en ces termes : "Dans trois jours, le Gouvernement Tshombe est par terre ! Des troubles éclateront mais les troupes de l'ONU maintiendront l'ordre. Les négociations c'est fini ...Nous travaillons en plein accord avec l'ONU ; Mr. Gardiner a donné son entier accord à l'arrestation de Moïse Tshombe et Mr. Harriman également..."

Moïse Tshombe fut arrêté par Mr. Justin Bomboko et Mr. Adoula à l'inspiration de leurs conseillers belges. Kasavubu et Iléo de leur côté s'inquiétaient des réactions du Monde et plus particulièrement de Bruxelles. Pour ce trait, l'Essor du Katanga titrait dans son édition du 8 mai 1961 : "Doucy, le roi blanc de Coq." De cet article il ressort que Bomboko se servait des conseils de celui-ci pour museler son adversaire.

Dans cette affaire, il faut souligner également un fait non-négligeable. A Coquilhatville, Moïse Tshombe fut l'objet d'ovations délirantes. Ce succès politique personnel avait certainement suscité des sentiments jaloux parmi les délégués présents à la Conférence et surtout ceux qui avaient beaucoup d'influence politique dans la région, ce qui fut le cas de Bomboko.

En ce qui concerne le rôle de la Belgique, c'est surtout Paul-Henri Spaak, Ministre des Affaires Etrangères qui était le plus impliqué dans cette arrestation. En effet, le Ministre belge supportait très mal le leader katangais et son régime sécessionniste. Il s'employait par tous les moyens possibles à la liquidation de l'indépendance du Katanga. Coquilhatville se présentait pour lui comme une occasion en or. Comme l'ONUC, il ne voulait la libération de Tshombe que par l'intermédiaire des Nations-Unies et donc à leur bénéfice, lorsque le vide de tous les conseillers politiques valables à Elisabethville serait fait. Pour activer son plan, Mr. Muller, un des secrétaires particuliers de Mr. Fayat, sous-Secrétaire d'Etat aux Affaires Etrangères fut dépêché à Elisabethville, porteur d'une liste comportant des noms de conseillers politiques au service du Gouvernement Katangais, pour leur expulsion immédiate.

L'ONUC choisit d'ailleurs cette période pour imposer sa politique aux autorités d'Elisabethville qu'elle croyait affaiblies par l'absence de Tshombe. C'est également cette période que choisit le représentant de l'ONU au Katanga pour procéder à l'expulsion des conseillers dont il est question, en application de la résolution du 21 février et l'accord du 17 avril 1961. Il faut noter que ces expulsions, contrairement à ce qui était prévu, n'avaient nullement affecté la position politique du Triumvirat katangais composé de Godefroid Munongo, Jean-Baptiste Kibwe et Kiwele. Au contraire, l'arrestation de Moïse Tshombe avait pour conséquence le raidissement de l'attitude de Munongo qui ne laissait rien au hasard.

En arrêtant Tshombe, les autorités de Léopoldville et l'ONUC avaient fait de fausses prévisions sur la viabilité de l'indépendance du Katanga, sans lui, en portant un jugement léger sur la personne de Munongo, surnommé "l'homme fort." Certains croient à tort ou à raison que sans lui, la sécession n'aurait pas duré plus de deux ans. En effet, Tshombe était un modéré du régime et avec lui, une solution négociée du problème paraissait possible, mais il ne gouvernait pas seul. C'est ce qui avait justifié l'inutilité de la détention prolongée de Tshombe. Même sur place, le représentant de l'ONUC, Mr. O'Brien s'est rendu compte de l'impossibilité quasi-totale d'arriver à un accord avec Munongo l'intransigeant petit-fils de M'Siri.

Outre la raideur affichée de Munongo, plusieurs facteurs sont intervenus dans la libération de Moïse Tshombe. En premier lieu, les autorités centrales craignaient une éventualité d'une intervention militaire du Katanga à Léopoldville. L'hospitalité offerte par le président Youlou du Congo Brazzaville à des éléments tant civils que militaires katangais n'était pas de nature à apaiser les craintes. On avait même signalé la présence dans cette localité des para commandos katangais encadrés par des éléments étrangers.

Il faut également noter que le général Mobutu avait joué un rôle prépondérant dans cette libération. Tout juste après sa libération, Tshombe, au cours d'une conférence de presse, le remercia vivement en disant que : "...grâce au Général Mobutu, la crise peut prendre fin. C'est un homme sérieux avec qui j'accepte de travailler. Je suis franc et honnête ; je n'accepte pas de travailler avec des caméléons..." A Elisabethville, il avait tenu le même langage à l'égard du Général Mobutu.

L'ONUC se montra déçue de la libération précipitée du leader katangais. Elle comptait obtenir celle-ci par ses bons offices et à son bénéfice seulement.

Le 22 juin Tshombe fut libéré et le 24 juin, il fut autorisé à regagner son Katanga après avoir signé un accord qui n'était autre qu'une capitulation pure et simple. Celui-ci prévoyait entre autres : l'abolition des barrières douanières entre le Katanga et le reste du Congo, le paiement au Trésor central de tous les droits d'importation et d'exportation, la fusion progressive des deux monnaies, la libération immédiate de tous les prisonniers politiques au Katanga, la mise de la Gendarmerie katangaise sous l'autorité du Commandant en chef des Forces congolaise, etc.

En conclusion, l'ONU et leur acolyte, Mr. Justin Bomboko, ont joué un rôle de premier ordre dans l'échec des résultats obtenus à Tananarive, et Kasavubu, Iléo et les autres signataires des résolutions de Tananarive ont joué au caméléon avec Tshombe. L'échec de la Conférence de Coquilhatville fut conséquent de l'accord du 17 avril pour lequel les autorités de Léopoldville (Kinshasa) avaient durci leur attitude face à Tshombe et le Katanga, en poignardant Tshombe dans le dos.

Personne ne peut nier l'ingérence de l'ONUC dans le non-aboutissement de volonté congolaise de Tananarive, personne ! Il est vrai que l'ONU ne pouvait tolérer qu'une initiative dans la recherche d'une solution négociée vînt de Congolais en dehors d'elle, ce qui aurait certainement rendu sans objet leur rôle au Congo. Louons éternellement Moïse Tshombe pour son courage et sa persévérance qu'il eut pour essayer de faire aboutir cette heureuse solution entre africains, sans ingérence étrangère.

Les initiatives politiques des Nations-Unies

Notons également que la constitution d'un gouvernement légal, issu du parlement, était un point de préoccupation tant pour l'ONUC que pour les autorités de Stanleyville (Kisangani) qui croyaient encore retrouver la majorité que détenait Lumumba. En effet, le Gouvernement présidé par Iléo, légalement nommé le Chef de l'Etat et qui n'avait jamais été investi par le Parlement, était l'objet de contestation par certains pays de l'Est.

A Léopoldville (Kinshasa), l'ONUC avait réussi à opérer un rapprochement entre les autorités centrales et celles de Stanleyville pour la participation à une session parlementaire, prévue pour mi-juillet, sous l'égide des Nations-Unies.

Le Département d'Etat américain, visiblement satisfait de cet accord, avait certainement d'autres motifs d'inquiétudes. Cette crainte résidait dans le fait qu'un nouveau parlement serait dominé par des éléments de Stanleyville, si l'on tient compte de la majorité qu'y détenait le MNC-Lumumba. D'autre part, l'élection d'un Gouvernement Gizenga présenterait, pour les USA, un grave échec de leurs efforts au Congo. C'est cette inquiétude qui avait, en partie, motivé la libération hâtive de Moïse Tshombe, en le faisant signer un accord cité précédemment, afin de lui permettre de participer au sommet à trois (Léopoldville, Élisabethville et Stanleyville), pour étudier les conditions d'élection d'un nouveau gouvernement. C'est ce qui résume les insistances du représentant des Nations-Unies au Katanga, Mr. O'Brien et de Mr. Nwokedi (Nigéria) auprès de Tshombe.

Pour des raisons psychologiques, même avec le sauf-conduit de l'ONUC, le déplacement de Moïse Tshombe à Léopoldville était exclu, tout juste au moment où l'Assemblée katangaise venait à peine de rejeter l'accord de Léopoldville. En effet, Moïse Tshombe avait peur non seulement des autorités centrales mais aussi des Nations-Unies qui cherchaient, par tous les moyens possibles, à mettre fin à l'indépendance du Katanga. Et répétons-le, Tshombe n'avait pas oublié que Lumumba fut auparavant arrêté à Léopoldville par les autorités centrales alors qu'il se trouvait sous protection des Nations-Unies.

La diplomatie katangaise consistait dans cette question à user au maximum des subterfuges et des propos plus conciliants possibles, mais qui en réalité étaient inacceptables. L'objectif était de geler le problème au maximum et de fatiguer l'adversaire.

Pour des raisons politiques, Léopoldville comme lieu de rencontre était exclue malgré les insistances répétées de O'Brien. On vit même Munongo, contre l'attente de tous, proposer Stanleyville comme lieu de rencontre. Ce qui est important dans cette proposition est le fait qu'à cette période, le climat politique au Katanga s'orientait, soit par lassitude au Gouvernement central et le Monde occidental, soit par une tactique stratégique vers un rapprochement avec Stanleyville contre Léopoldville. Mr. Khiary, l'âme d'une réunion parlementaire à l'Université de Léopoldville (Lovanium), sentit ce danger. Aux yeux de O'Brien, accepter Stanleyville c'est faire le jeu de Gizenga et pourtant le même raisonnement était valable et pour Tshombe et pour les autorités de Stanleyville concernant Léopoldville (Kinshasa) comme lieu de rencontre.

Mr. Khiary tenta vainement, à son tour, de convaincre le leader katangais d'assister au sommet de Léopoldville et de permettre aux députés de la Conakat d'assister à la session parlementaire de Lovanium. A en croire le représentant des Nations-Unies au Katanga, Mr. Khiary était animé par le souci d'arriver à un accord – n'importe quel accord – entre Africains. Il n'attachait pas d'importance aux résolutions des Nations-Unies. Il ne mettait pas non plus en cause l'idée d'un Katanga indépendant.

Compte tenu de tous ces faits, on peut se demander dans quelle mesure une solution africaine préconisée par l'ONUC pouvait avoir le crédit auprès des autorités du Katanga de Tshombe. A notre avis, une solution africaine était possible dans la mesure où les autorités katangaises et orientalistes consentiraient à abdiquer en faveur de Léopoldville (Kinshasa). Le contraire était donc une chose inadmissible. C'est ce qui expliquait l'intransigeance d'Elisabethville (Lubumbashi).

La conclusion de Khiary constituait un véritable ultimatum : si un accord entre Africains n'était pas réalisé, "le Katanga sera rayé de la face de la Terre par le mécanisme de politique internationale."

Le 14 juillet 1961, l'Assemblée katangaise qui avait dénoncé l'accord de Léopoldville à l'unanimité finit par s'opposer à l'envoi des représentants élus du Katanga à la session parlementaire sous l'égide des Nations-Unies.

Le 29 juillet 1961, Tshombe se rendit à Brazzaville, au lieu de Léopoldville, avec l'intention d'y rencontrer des personnalités telles que Kasavubu et le général Mobutu. Cette tentative fut contrecarrée par Mr. Khiary qui ne pouvait tolérer une intervention dans les affaires politiques du Congo venant de Brazzaville qui se montrait hostile à l'unité congolaise.

En conclusion, le refus de Moïse Tshombe de participer au sommet de Léopoldville et l'attitude catégorique de l'Assemblée katangaise de ne point autoriser les députés de la Conakat de participer à la session parlementaire organisée par les Nations-Unies furent, à notre avis, déterminants dans la tournure tragique des événements des 28 août et 13 septembre 1961.

La première confrontation militaire : 13 septembre 1961

Les représentants de l'ONUC s'étaient rendus compte qu'un règlement négocié était une chose difficile à réaliser avec les dirigeants katangais qui tergiversaient à toute proposition de règlement pacifique. Pour eux, il n'y avait que deux alternatives : ou bien forcer Tshombe à négocier avec les autorités centrales, mais la contrainte n'avait rien donné jusque-là ; ou bien recourir à la force et réduire purement et simplement la sécession katangaise, mais cette formule présentait de graves inconvénients du fait de la présence, dans l'Armée katangaise, de beaucoup d'éléments étrangers, prêts à sacrifier leurs vies pour le Katanga. C'est ce qui explique l'opération du 28 août 1961 dénommée "Rumpunch" (*) comme prélude à l'offensive décisive du 13 septembre 1961.

(*) Rumpunch fut d'après O'Brien un mot codé qui signifiait : "punch au rhum"

Trois hommes : O'Brien, Khiary et Linner, réunis à Léopoldville, décidèrent de renforcer les unités onusiennes stationnées à Elisabethville, au Katanga. Il faut noter que le même jour, le 24 août, le Gouvernement central prit l'ordonnance visant l'expulsion, du territoire du Congo, de tous les officiers et mercenaires non congolais au service des autorités provinciales. C'est à cette date que l'opération "Rumpunch" fut décidée. Elle devait normalement se déclencher après une dernière tentative d'emmener Moïse Tshombe à rencontrer le premier ministre Adoula.

Le 26 août, Mr. O'Brien enjoignit Tshombe, comme prévu, à répondre à l'invitation du Gouvernement central, faute de quoi, l'ONUC était décidée de mettre à la disposition du Gouvernement Adoula ses forces armées si celui-ci le désirait, afin de réduire la sécession katangaise par la force.

Cet ultimatum n'avait nullement impressionné les dirigeants katangais qui l'avaient d'ailleurs rejeté en ces termes : "Si une solution au problème congolais nous est proposée par des moyens pacifiques, nous déploierons tous nos efforts pour arriver à cette solution. Mais, si on cherche à nous imposer une solution par la force, que le Monde sache que nous sommes prêts à défendre nos droits."

Mr. O'Brien imputa cet échec à la déclaration faite par Sir Roy Welensky selon laquelle, "son Gouvernement n'accepterait pas une tentative des Nations-Unies de s'emparer du Katanga par la force" et à l'attitude dure et ferme de Godefroid Munongo. C'est ce qui amena le représentant des Nations-Unies au Katanga à exiger son éviction de la direction politique du Katanga. En effet, pour lui, Munongo était le foyer et le symbole de tout le système. C'est le cœur qu'il fallait donc frapper.

Ainsi, l'Opération Rumpunch fut décidée conformément au paragraphe A-2 de la résolution du 21 février 1961 demandant que des mesures soient prises pour le retrait et l'évacuation immédiate du Congo de tous les personnels militaires et paramilitaires et des tous les conseilleurs politiques belges et d'autres nationalités au service du Gouvernement du Katanga. Cette opération avait double mission :

- L'arrestation et l'expulsion des officiers étrangers et des mercenaires

- L'arrestation de Munongo (*) et la prise de la radio ; l'obligation pour Moïse Tshombe de reconnaître l'autorité centrale, en un mot, cela serait la fin de la sécession

(*) Selon O'Brien lui-même, Dag Hammarskjöld aurait autorisé l'arrestation de Munongo.

L'Opération Rumpunch se déroula sans aucune résistance de la part de la Gendarmerie katangaise. En somme, l'opération fut un demi-succès puisque 338 éléments étrangers de la Gendarmerie katangaise sur un total de 443 furent atteints. Ces expulsions frappèrent surtout des sujets belges qui furent d'ailleurs vite remplacés par ceux d'autres nationalités pour deux raisons : la déception de la politique katangaise du Gouvernement belge et le fait qu'il existait au sein de la Gendarmerie katangaise deux clans des officiers influents : les Belges et les Français appelés les ''Ultras''. Ces derniers jouissaient de l'influence auprès de Munongo. Ce qui est évident, il existait une tendance nette au sein du Gouvernement katangais de se débarrasser de tous les éléments belges.

Si l'opération fut décidée par les trois hommes cités ci-haut en vertu du paragraphe 2 de la résolution du 21 février, et plus particulièrement O'Brien, le Secrétaire général avait néanmoins approuvé "Rumpunch" d'autant plus qu'elle s'est déroulée sans aucune effusion de sang. Mr. Linner reçut à cet effet un message de Hammarskjöld qui disait : "Le Club du Congo assemblé en Congrès a émis votre de félicitations unanimes et de sincère respect pour opération très délicate menée à bien avec habilité et courage. Espérons résultats rendront votre tâche plus facile sous d'autres rapports et de plus en plus constructives."

Beaucoup de sources témoignent que l'Opération Rumpunch fut en réalité une initiative personnelle de Mr. O'Brien. En effet, le représentant de l'ONUC au Katanga avait plusieurs raisons de déclencher des opérations décisives pour une victoire politique personnelle. A New York, il était souvent question de lui comme prétendant au poste de Secrétaire général adjoint des Nations-Unies. Lui-même en a fait mention dans son ouvrage ''To Katanga and Back''. En outre, son séjour au Katanga comme représentant de l'ONUC était limité dans le temps, c'est-à-dire six mois. Ces deux raisons expliquent la précipitation qu'il s'était donnée pour mettre fin, le plus rapidement possible, à la sécession du Katanga et enregistrer à son actif une victoire politique personnelle importante qui l'aurait certainement placé dans une bonne position pour la course au poste de Secrétaire général adjoint de l'ONU. De plus, le message de Hammarskjöld ne faisait que l'exhorter dans son entreprise. Cette précipitation lui coûtera très cher plus tard !

En effet, car Rumpunch ne fut qu'un succès partiel. L'opération était arrêtée surtout sur l'insistance du Consul général de Belgique, Mr. Crener, qui s'était opposé au procédé d'arrestation des officiers et mercenaires. Pour lui ces arrestations étaient une humiliation inutile imposée à des officiers qui avaient l'ordre de leur Gouvernement de ne pas tirer sur les troupes de l'ONUC. D'autre part, elles présentaient certainement un danger certain, puisqu'en cas de résistance, les troupes ONUC devaient certainement ouvrir feu et l'effet sur les autres officiers et sur l'opinion belge en Belgique et au Katanga serait de facto incalculable. C'est un argument de poids qui mit fin à l'opération Rumpunch.

Après Rumpunch vena l'Opération "Morthor" du 13 septembre 1961.

Les événements de septembre sont conséquents de la modification profonde intervenue dans le Commandement de l'Armée katangaise. Jusque-là, l'ONUC hésitait à lancer une opération de grande envergure contre les Forces katangaises en raison de la présence d'éléments étrangers qui les encadraient. L'Opération Rumpunch que nous venons d'examiner était un prélude. Outre les raisons politiques de la précipitation des événements, il faut noter que l'inquiétude qui planait toujours du fait qu'un expulsé était vite remplacé par un autre ou regagnait de nouveau Elisabethville via l'Angola ou le Congo-Brazzaville, avait motivé une action rapide après l'opération Rumpunch.

La difficulté majeure pour l'ONUC consistait dans le fondement juridique et politique d'une opération de grande envergure contre la sécession katangaise. L'expulsion des officiers étrangers et mercenaires était un argument moins pertinent pour justifier une action si grave. Le paragraphe premier de la résolution du 21 février demandant instamment que "Les Nations-Unies prennent immédiatement toutes mesures appropriées pour empêcher le déclenchement d'une guerre civile au Congo...", présentant cependant un motif, du moins, valable pour intervenir militairement. En effet, dans le Nord-Katanga, la situation était tragique, car l'ONU y avait exhorté la révolte dans cette région dans le seul et unique but de saper l'autorité katangaise ou du moins de l'affaiblir politiquement sur le plan international. Elisabethville qui était l'âme du régime sécessionniste et tant visée par cette action militaire ne présentait jusque-là aucun indice d'une guerre civile ou d'agitation parmi les populations.

Même cet argument basé sur la guerre civile nous paraît non pertinent puisque l'ONU disposait d'autres possibilités pour gérer cette crise dans le Nord-Katanga, qu'elle ne faisait au fait que maintenir et attiser. En excluant le recours à la force, Hammarskjöld voulait user d'autres possibilités telles que : cessez-le-feu, établissement de zones démilitarisées, etc.

Tout juste après l'Opération Rumpunch les choses se gâtèrent à Elisabethville. On vit se constituer sous l'impulsion de l'ONUC un "camp des réfugiés Baluba" appelé vulgairement "la Foire" ou encore "Onuville", montrant ainsi au Monde la possibilité d'une guerre civile. Ceci fut un coup monté et une ruse fabriquée de toute pièce par l'ONU. C'est cette situation qui sera, bien évidemment, exploitée par O'Brien pour justifier l'intervention armée des Nations-Unies au Katanga.

Le problème qui nous paraît crucial est de déterminer la responsabilité dans cette action. Qui l'avait effectivement décidée ? Sur l'ordre de qui ? Enfin, plusieurs indices permettent de nous pencher sur l'initiative personnelle de O'Brien. Nous avons relaté précédemment les raisons qu'avait le représentant de l'ONU au Katanga de précipiter et de provoquer une intervention armée. Pour mieux saisir la portée de la responsabilité de chacun dans ces événements, nous tenons à reproduire toutes les versions dans cette opération armée.

Pour O'Brien, responsable des opérations de l'ONU au Katanga, le 10 septembre, Mr. Khiary et Mr. Fabry arrivèrent à Elisabethville munis d'instructions verbales pour le général Raja, Commandant des Forces des Nations-Unies au Katanga et pour lui.

Remarque : la veille, le 9 septembre, Moïse Tshombe avait dénoncé publiquement le plan de l'ONU visant la fin du Katanga indépendant, ce qui laisse entendre que le coup était déjà monté avant même l'arrivée à Elisabethville de Mr. Khiary et Fabry.

Selon O'Brien, Fabry était porteur d'un mandat d'amener Tshombe, Munongo, Kibwe, Kimba, Mutaka wa Dilomba. Ce mandat porte la signature d'un certain A. De Loof, l'Officier du Ministère public. Quant aux instructions verbales, elles concernaient l'occupation de la Poste, de la Radio, la perquisition des locaux de la Sûreté et du Ministère de l'Information et enfin, l'arrestation des responsables européens s'y trouvant, la saisie de tous les dossiers et l'arrestation des autorités dont les noms sont mentionnés dans le mandat d'amener.

Après les hostilités, O'Brien s'est rendu compte que ni le général Mc Keown, ni Linner, ni Mr. Bunche, ni le général Rikhye, conseiller militaire du Secrétaire général, n'étaient au courant de ces instructions. Selon lui, Khiary prétendit avoir été en contact avec le Secrétaire général et avoir reçu de lui un télégramme secret non numéroté.

Pour Hammarskjöld, l'action du 13 septembre n'était que la continuation de celle du 28 août – telle est également la version de Mr. Linner – et qu'aucune instruction ultérieure à l'action Rumpunch n'était requise de sa part. L'élimination de la sécession katangaise était selon lui formellement exclue des attributions de l'ONU au Congo par le paragraphe 4 de la résolution du Conseil de sécurité du 9 août 1960 !

Quant à ce qui concerne le Gouvernement central, Mr. Iléo disait, le 13 septembre qu'à bout de patience et de moyens de persuasion, le Gouvernement avait pris ses responsabilités et avait ordonné une opération de force armée au Katanga, conformément à la résolution du 21 février.

Si nous tenons compte de ces versions, il y a lieu de rapprocher celle du Gouvernement central avec l'ultimatum de O'Brien enjoignant Tshombe de se rendre à Léopoldville, sans délai, pour y rencontrer Adoula. Ce qui est important dans cet ultimatum, le représentant de l'ONU au Katanga y fit comprendre à Tshombe et Munongo que "si Adoula faisait appel aux forces de l'ONU pour réduire la sécession, l'ONU était décidée à mettre toutes ses forces à disposition."

En effet, la responsabilité de O'Brien est flagrante jusqu'au point que Dag Hammarskjöld lui refusa de rencontrer Tshombe à Bancroft en

Rhodésie du Nord (Zambie) et lui refusa, malgré son ferme désir, d'assister aux pourparlers qu'il comptait engager avec Tshombe à Ndola (Zambie). Hammarskjöld voulait rencontrer Tshombe personnellement, sans son représentant au Katanga, en vue de rechercher ensemble une solution pacifique du conflit. Ce qui est encore plus flagrant est le fait que le Secrétaire général fut contraint par la tournure dramatique des événements à inventer, en toute hâte, une histoire "d'incendie du garage" (Documents ONU S/4940) pour couvrir l'opération militaire déclenchée par son représentant au Katanga. Cette version erronée des événements est une raison de plus pour croire que Dag Hammarskjöld n'était pas au courant de l'opération "Morthor" comme une action visant à extirper le régime sécessionniste ; sinon, il aurait pu envisager une autre version plus convaincante que celle de l'incendie du garage, s'il disposait vraiment du temps matériel nécessaire.

Mr. O'Brien attribue le désaveu de l'opération "Morthor" par le Secrétaire général aux pressions les plus intenses, psychologiques et diplomatiques dont Hammarskjöld était l'objet alors que "Morthor" avait pour but de réduire le plus rapidement possible la sécession katangaise qui était, selon lui, l'objectif des Nations-Unies.

Si nous revenons en arrière, nous nous penchons sur la nomination de Mr. O'Brien comme représentant des Nations-Unies au Katanga. En effet, le Secrétaire général avait le choix entre lui et un autre Irlandais, Mr. Kennedy. Ce dernier était considéré comme un partisan d'une politique pacifiste et modérée, à la différence de O'Brien, partisan d'une politique dure. En le désignant comme représentant de l'ONUC au Katanga, le Secrétaire général avait ainsi souscrit à la politique qu'il entendait mener au Katanga.

D'autre part, il faut placer sa politique au Katanga sous un aspect du conflit éternel opposant l'Irlande à la Grande-Bretagne. Pourquoi soulever ce conflit dans cette affaire qui ne concernait ni l'Irlande ni le Royaume-Uni ? Leur querelle avait certainement des répercussions sur le déroulement des événements au Katanga. La raison en est que, O'Brien nourrissait une haine à l'égard de tout ce qui était anglais. La presse britannique de son côté, ne le ménageait pas non plus. Or, dans l'affaire du Katanga, la Grande Bretagne était trempée. C'est ce qui explique que toute son action au Katanga ne pouvait en aucune façon être appréciée par O'Brien qui voulait extirper le facteur anglais dans cette province. Il le dit lui-même dans "To Katanga and Back", en ces termes : "personnellement, je le regrette peu enclin par tempérament à supporter que ces vieux renards de réactionnaires triomphent même temporairement." Mr. Ernest Lefever écrit dans "Crisis in the Congo" (page 86) que le représentant des Nations-Unies au Katanga était opposé à Tshombe parce qu'il le considérait comme l'instrument des Européens et des Ultras". Il était frustré par des négociations interminables et du double jeu des Belges et des Anglais. Son but était dès lors de mettre fin à la sécession katangaise, même par la force, en bravant des règles internes si nécessaire.

O'Brien qui savait trop bien que le Secrétaire général était en route pour Léopoldville avait, à notre avis, tout intérêt à retarder l'opération Morthor afin de permettre à ce dernier de rencontrer Moïse Tshombe, comme celui-ci l'avait bien souhaité, pour une dernière tentative. Mais, il savait d'avance que le Secrétaire général de l'ONU ne pourrait à jamais autoriser une telle opération. C'est ce qui va expliquer la précipitation des événements.

Tous ces faits démontrent bien la part importante du représentant des Nations-Unies au Katanga dans le conflit armé du 13 septembre 1961 et nous amène à croire qu'il avait agi sur une initiative, du moins, personnelle.

Mais O'Brien calcula très mal, car "Morthor" qui visait la réduction pure et simple de la sécession katangaise se solda par un échec humiliant pour les forces internationales et entraîna même la mort tragique du Secrétaire général des Nations-Unies, Mr. Dag Hammarskjöld, dans un accident d'avion, en territoire rhodésien, près de Ndola où il comptait rencontrer Tshombe. Elle se termina par un cessez-le-feu signé entre Mr. Khiary et Tshombe, au profit des Nations-Unies, qui furent humiliée par les Forces de la Gendarmerie katangaise.

Cette guerre de l'ONU avait soulevé un courant puissant et violent de l'opinion internationale contre l'ONU et Dag Hammarskjöld, et ceci même aux USA où les Républicains dénonçaient cette agression honteuse du Katanga, et la Grande-Bretagne envisageait la suppression de tout appui aux missions qu'accomplissaient les Nations-Unies au Congo.

O'Brien avait raté honteusement son coup, et la prime que le Secrétaire général put lui offrir pour compenser ses efforts au Katanga fut donc la fin de sa carrière au sein de l'ONU.

La résolution du 24 novembre 1961 et ses conséquences

L'échec humiliant de l'action militaire de l'ONUC du 13 septembre 1961 face aux vaillants gendarmes katangais, avait placé les Nations-Unies dans l'impératif de réagir par la force, non seulement pour extirper le facteur sécessionniste mais aussi rehausser leur moral et leur prestige. C'est ce qui explique l'attitude inexorable des Nations-Unies pour la suite des événements.

La résolution du 24 novembre 1961 lève toute équivoque quant à la mission réelle de l'ONU au Katanga, jusque-là définie d'une façon imprécise. Elle dépouille aussi le paragraphe 4 de la résolution du 9 août 1960 de sa raison d'être, même si elle ne l'abrogeait pas expressément – toutes les résolutions devant être interprétées dans leur ensemble – même si celle-ci est reprise dans le préambule et dans le paragraphe 5 de la résolution du 21 février 1961.

En effet, cette résolution dispose que :

1. "Réprouve énergiquement les activités sécessionnistes illégalement menées par l'administration provinciale du Katanga avec l'appui de ressources de l'extérieur et secondées par des mercenaires étrangers ;

2. "Réprouve en outre l'action armée menée, dans l'accomplissement desdites activités, contre les forces et le personnel de l'Organisation des Nations-Unies ;

3. "Autorise le Secrétaire général à entreprendre une action vigoureuse, y-compris, le cas échéant, l'emploi de la force dans la mesure requise, pour faire immédiatement appréhender, placer en détention dans l'attente de poursuites légales ou expulser tous les personnels militaires et paramilitaires et conseillers politiques étrangers ne relevant pas du Commandement des Nations-Unies, ainsi que les mercenaires, visés au paragraphe 2 du dispositif de la partie A de la résolution adoptée par le Conseil de sécurité le 21 février 1961."

(Documents ONU S/5002)

Ce qui est important dans une résolution de ce genre, c'est la volonté des auteurs plus que le texte lui-même. Or cette volonté ne fait aucun doute quant à la liquidation pure et simple de l'indépendance du Katanga. Elle est renforcée du fait du retrait, par les Etats-Unis, de leur amendement invitant le Secrétaire général à user de la réconciliation. Toute négociation avec les autorités katangaises était inutile du fait que Moïse Tshombe, appuyé par des mercenaires, n'acceptera rien d'autre que la reconnaissance préalable de son indépendance. Telle était la position du représentant congolais, Mr. Justin Bomboko.

Des lettres adressées par Tshombe au Secrétaire général n'étaient pas examinées profondément par le Conseil de sécurité comme l'aurait souhaité leur auteur. Dans ces communiqués Moïse Tshombe réaffirmait l'existence du Katanga comme "Nation Souveraine et Indépendante." Il proposait cependant l'union économique, douanière, monétaire et militaire avec le reste du Congo. Ce qui importait plus c'était l'autonomie politique du Katanga.

En Belgique, le premier ministre, Mr. Spaak, avait coupé tout court à toute possibilité de l'examen de ces communications katangaises par le Conseil de sécurité, à la demande du représentant du Libéria. "La réconciliation disait-il était impossible" et le Conseil de sécurité devait le faire savoir ouvertement à Moïse Tshombe. Dans cette prise de position du représentant belge, il faut noter une chose : Le Conseil de sécurité voulait avant tout entendre ce que pensait la Belgique avant d'engager une discussion sur la portée de ces communications. Pourquoi la Belgique ? La réponse est simple, la Belgique était considérée comme le pivot de l'indépendance du Katanga et que celle-ci se maintenait et résistait grâce à son appui. C'est ce qui explique l'importance de la parole accordée au représentant belge. Sa prise de position avait réduit à néant les chances pour le Conseil de sécurité d'examiner les communications katangaises. Il aurait, à notre avis, été mieux de laisser au Conseil de sécurité de décider du sort de celles-ci. De plus, Mr. Spaak, contrairement à ses collègues du Gouvernement belge qui hésitaient à une prendre une position nette, non seulement s'opposait ouvertement à la sécession katangaise mais s'employait activement à sa liquidation par tous les moyens. Ce qui est curieux, le même Spaak reprochera plus tard à Mr. Thant, après les événements de décembre 1961, d'avoir mal compris le sens de la résolution du 24 novembre.

Le projet de résolution présenté par la R.A.U, le Libéria, le Sri Lanka, fut finalement adopté par 9 voix (Etats-Unis, Chine, URSS, Sri Lanka, Chili, Ecuador, Libéria, République Arabe Unie, Turquie), 2 abstentions (France et Royaume-Uni), et sans opposition, après certains amendements rébarbatifs des Etats-Unis.

Le représentant des Etats-Unis fondait son vote par la nécessité qu'avait le Conseil de Sécurité de prendre une attitude ferme à l'encontre des activités déployées au Katanga et donner nettement son appui au Gouvernement central. La France et le Royaume-Uni avaient d'autres raisons pour justifier leur abstention. Le premier voyait très mal l'intervention des Nations-Unies dans un conflit interne, constitutionnel ou autre et l'emploi de la force pourrait avoir des résultats contraires à ceux que recherchait le Conseil de Sécurité. Le second mettait l'accent sur une action pacifique et sur des tentatives de conciliation. Telle était la conception défendue par Dag Hammarskjöld de son vivant.

En marge de cette résolution, la majorité des Etats membres s'étaient prononcés pour le recours à la force en vue de liquider la sécession katangaise et ceci en dépit de négociations interminables que voulaient les autorités katangaises et aussi en dépit de leurs communications dont il était l'objet ci-haut. Les uns comme les autres avaient agi par haine, par intérêt et d'autres par crainte de la dégénération du conflit.

Dès l'adoption de la résolution par le Conseil de Sécurité le Secrétaire général par intérim, Mr. Thant, prit aussitôt des mesures pour sa mise en application. Un appel pressant, comme première mesure, fut adressé aux Etats membres, africains en particulier, en vue de renforcer les contingents déjà existants, pour une opération de grande envergure. A cet effet, Moïse Tshombe prononça un discours émouvant devant une foule nombreuse dont nous reproduisons certains passages importants :

"...Demain ou après-demain, il y aura une épreuve de force. Préparons-nous donc. Que dans chaque rue, que sur chaque chemin, sur chaque route, dans chaque village, surgissent, au moment voulu des combattants katangais. Vous ne pouvez tous avoir des armes automatiques ou des fusils. Il nous reste nos flèches empoisonnées, nos lances, nos haches pour abattre les arbres, nos pioches pour creuser les fosses, nos cœurs pour nous battre avec courage... Plus une route ne doit encore rester praticable, plus aucun mercenaire de l'ONU ne devra se sentir en sécurité dans quelque endroit que ce soit... Les spécialistes de l'armée katangaise auront déjà fait sauter les ponts, miné le territoire et peut-être aurons-nous déjà dû recourir au sacrifice de notre potentiel économique. Le Katanga entre la domination étrangères par le truchement de l'ONU et le rien, est prêt à choisir, avec fierté, le rien."

Deux semaines plus tard, l'ONUC lança une nouvelle offensive qui se solda par des négociations de Kitona. C'était la seconde défaite humiliante des Nations-Unies.Une nouvelle fois les forces de l'ONUC furent humiliées par les vaillants Gendarmes Katangais ! Cette action militaire était surtout caractérisée par des massacres des civils et des bombardements des objectifs civils tels que les hôpitaux et les installations de l'Union Minière par les lâches forces de l'ONU. On consacrera un chapitre entier à ce rôle néfaste, à ces massacres, aux crimes commis par l'ONU, et aux violations de l'ONU de sa propre charte et maintes conventions, comme celle de Genève, de la Croix Rouge Internationale, etc.

Indigné par la tournure des événements, Mr. Spaak adressa plusieurs télégrammes au Secrétaire général par intérim, Mr. Thant, l'accusant de se dérober du mandat lui confié par le Conseil de Sécurité et de s'être éloigné des principes établis dans la Charte. Bien qu'il soit un partisan de la liquidation de la sécession katangaise, son indignation fut motivée par le fait que les intérêts belges étaient directement visés par les Forces des Nations-Unies. Même Mr. Thant n'avait pas caché la détermination des casques bleus de s'attaquer aux installations de l'Union Minière tant que celles-ci seraient considérées comme instrument de la résistance katangaise contre les Nations-Unies.

En rejetant au Conseil de Sécurité toute solution basée sur la conciliation, Spaak avait souscrit à la guerre, à une action armée contre le Katanga et par là il avait involontairement exposé les vies et les intérêts belges au Katanga qui étaient d'ailleurs liés au facteur sécessionniste, et de surcroît beaucoup de belges et autres blancs européens, vivant au Katanga et qui avaient adopté le Katanga comme leur première ou deuxième patrie, et qui avaient été adoptés par le Katanga, avaient rejoint la résistance katangaise contre les troupes d'agression de l'ONUC ! Ceci laissa Mr. Spaak avec des joues rouges de honte devant l'opinion public belge, scandalisée par les actes barbares des troupes soi-disant de maintien de la paix de l'ONU.

L'accord de Kitona du 20 décembre 1961

Dans l'esprit des Nations-Unies, les grandes puissances telles que les Etats-Unis, l'Union Soviétique etc. étaient d'office excloses de l'opération des Nations-Unies au Congo, dans le seul but de ne pas léser une des parties et se poser ainsi comme instrument de l'un ou de l'autre. Or, il convient de souligner que des experts américains arrivaient au Congo en guise de spécialistes de l'ONU. Les négociations de Kitona auxquelles prenaient part Mr. Gullion et Mr. Raplh Bunche, respectivement ambassadeur des Etats-Unis à Léopoldville, et le Secrétaire général adjoint des Nations-Unies, mettaient aux prises la délégation katangaise conduite par Moïse Tshombe et la délégation congolaise conduite par Mr. Adoula, le Premier Ministre du Gouvernement central.

Les pourparlers eurent lieu durant toute la journée et se terminèrent par une déclaration de Mzee Moïse Tshombe en 8 points :

1. Acceptation de l'application de la loi fondamentale du 19 mai 1960 ;

2. Reconnaissance de l'unité indivisible de la République du Congo ;

3. Reconnaissance du Président Kasavubu comme Chef de l'Etat ;

4. Reconnaissance de l'autorité du Gouvernement Central sur toutes les parties de la République ;

5.Acceptation de la participation des représentants de la province du Katanga à la commission gouvernementale du 3 janvier 1962 à Léopoldville afin d'étudier et d'examiner l'avant-projet de la Constitution ;

6. Engagement de prendre les mesures pour permettre aux députés et sénateurs de la province du Katanga d'exercer au sein du gouvernement de la République leur mandat national à partir du 27 décembre 1961 ;

7. Acceptation de placer la gendarmerie katangaise sous l'autorité du Président de la République ;

8. Engagement de faire respecter les résolutions de l'Assemblée Générale et du Conseil de Sécurité et d'en assurer l'exécution.

Compte tenu de ces points énumérés, nous pouvons évoquer une capitulation pure et simple du leader katangais qui se trouvait en face de trois adversaires décidés à lui rendre la vie dure : ONU, Congo et les Etats-Unis.

Plusieurs questions se posent au crédit à accorder à l'engagement solennel de Moïse Tshombe à Kitona. En effet, Tshombe devant des adversaires de marque n'avait autre choix que d'obtempérer aux mesures lui imposées. En agissant ainsi, Tshombe évitait la répétition des événements de la conférence de Coquilhatville où il fut arrêté et emprisonné. Qu'allait-il arriver au juste, s'il avait pris une attitude contraire ? La question reste posée et la réponse paraît, dans une large mesure, malaisée. Seuls les trois hommes (Adoula, Bunche et Gullion) pouvaient y répondre. Tshombe était-il affaibli par les événements ? Cette thèse aurait pu être valable dans la mesure où Tshombe aurait respecté son engagement. Or, de son retour au Katanga, rien n'était changé, traduisant ainsi l'attitude ambivalente du leader katangais consistant à dire qu'il se sentait en danger et qu'il ne devait pas prendre ce risque. Et la diplomatie katangaise consistait à gagner au maximum du temps et à lasser un adversaire de taille.

La lettre de Tshombe adressée à Mr. Ralph Bunche nous laisse croire que la délégation katangaise était l'objet d'une manœuvre péremptoire. Dans cette lettre le leader katangais fit savoir à Mr. Bunche que, n'ayant pas eu le temps de consulter les autorités katangaises compétentes avant son départ, il n'avait donc pas le mandat de parler en leur nom et qu'il comptait le consulter à son retour et informer le gouvernement central des mesures à prendre en vue de l'application de sa déclaration.

Comme on le verra plus tard, les échanges des lettres entre le Congo et le Katanga ne donnaient pas la même signification aux conclusions de Kitona alors que le Gouvernement central, l'ONU et Gullion continuaient à affirmer que l'accord réalisé à Kitona engageait définitivement Tshombe et le Katanga. Par contre le président katangais et son gouvernement affirmaient de leur côté, qu'ils n'avaient pas d'autres pouvoirs que de soumettre les termes de la déclaration de Kitona à la ratification de l'Assemblée katangaise.

Le seul point de l'accord de Kitona réalisé était de convaincre les députés nationaux de la Conakat à réoccuper leurs sièges au Parlement de Léopoldville sous la protection de l'ONU et sans pour cela résoudre le problème de fond.

La motion votée par l'Assemblée katangaise le 15 février 1962, délibéra qu'il n'y avait pas lieu de revenir sur la reconnaissance du Président Kasavubu sur le Congo. Elle exprima par contre des réserves sur d'autres points. Par cette motion, Moïse Tshombe se considérait comme mandaté officiellement pour entamer des nouveaux pourparlers avec le gouvernement Adoula.

Effectivement, un entretien Adoula-Tshombe eut lieu à Léopoldville sous les auspices de l'ONU, le 18 mars 1962. Etaient présents : la délégation congolaise présidée par Adoula (composée de Sendwe, Bolikango, Gbenye, tous vices-premiers ministres, Bomboko, Kamitatu et Iléo) et la délégation katangaise conduite par Moïse Tshombe et composée de Kibwe, Kitenge, Meli, Kishiba et Kambole. Lors de l'ouverture de la discussion, le 19 mars, Mr. Adoula posa comme préalable pour toute délégation de préciser clairement son mandat à l'entretien. Le préalable de Adoula faillit remettre en question la possibilité de négociation. En somme, ces négociations avaient abouti à un échec en raison des divergences de points de vue et de l'impossibilité de les rapprocher.

Ces discussions et palabres interminables commencèrent à agacer Mr. Thant, le Secrétaire général par intérim des Nations-Unies, qui craignait que les difficultés congolaises, et l'opération ONUC ne s'éternisent. Ainsi il mit au point un plan de réconciliation nationale, pour lequel il avait obtenu l'accord des Etats-Unis, de la Grande Bretagne et de la Belgique. Ce plan sera appelé le "Plan U-Thant."

Le plan U-Thant

Le plan U-Thant prévoyait, pour le plus grand bonheur de Tshombe et du Katanga, une constitution fédérale, une nouvelle loi, la répartition des recettes fiscales, l'unification monétaire, l'intégration des forces katangaises dans l'armée nationale, l'unification de la représentation diplomatique et l'amnistie générale pour les prisonniers politiques. Il était notamment prévu que la moitié des redevances minières irait au Katanga, un des points des revendications katangaises.

Le plan faisait allusion à d'éventuelles sanctions économiques contre le Katanga. Ces sanctions étaient évoquées dans un document du Secrétaire général dénommé le "Course of Actin", qui comportait phrases :

1. Délai de 10 jours donné au Katanga pour accepter le plan à partir du jour où Léopoldville l'aura accepté.

2. En cas de non-acceptation, recourir au boycottage du cuivre et du cobalt du Katanga et à des mesures plus efficaces si le boycottage ne donnait pas satisfaction.

3. Une action du Gouvernement central auprès des pays acheteurs des matières premières katangaises afin de renoncer à leurs relations avec le Katanga.

4. Si les trois premières phases n'aboutissaient pas à la réintégration du Katanga, l'ONU et les gouvernements des pays membres se concerteront sur les mesures à prendre.

Ce plan faisait un tout non-négociable. Il devait être rejeté ou accepté en bloc sans discussion. Mr. Adoula l'avait accepté le 23 août 1962 et Moïse Tshombe fit de même le 3 septembre 1962. L'échec de ce plan obligea plus tard les Nations-Unies et le Gouvernement Adoula de recourir à la 4ième phase du "Course of the Action." Ce qui est évident, la menace de sanctions économiques était loin d'impressionner le Gouvernement katangais et était de ce fait dépassée en raison de la tension croissante dans la capitale du cuivre. On se dirigeait droit vers une 3ième grande confrontation armée.

Avant d'aborder cette dernière confrontation armée, faisons un résumé des facteurs déterminants qui avaient affaibli le Katanga et qui ont largement contribué à la fin de l'Etat Indépendant du Katanga.

Les Facteurs déterminants de la fin de l'Etat indépendant du Katanga

Outre l'intervention armée des Nations-Unies, plusieurs facteurs sont directement ou indirectement intervenus dans le processus de la liquidation de la sécession.

Un des grands facteurs, qu'il puisse plaire ou non, fut la mort de Patrice Lumumba, car un Lumumba vivant constituait un gage précieux de la survivance du Katanga comme Etat indépendant. Sa disparition avait entraîné à plus ou moins longue échéance, la fin de la sécession katangaise. La première conséquence immédiate fut le relâchement du Katanga par le bloc occidental et plus particulièrement la Belgique qui était ostensiblement le pivot dans l'aboutissement de son indépendance. L'obstacle Lumumba étant ainsi éliminé, non pas par Tshombe et les Katangais, mais par d'autres, les occidentaux tournèrent le dos au Katanga et commencèrent à soutenir les efforts tendant à l'unité centralisée du Congo. La survivance du Katanga devait fatalement faire basculer une grande partie du reste du Congo dans le camp communiste et permettre ipso facto l'implantation soviétique en plein cœur de l'Afrique.

Un autre facteur fut une certaine opposition interne à l'indépendance du Katanga, notamment l'opposition des Balubas exacerbée par l'arrivée des casques bleus de l'ONU avait certainement affaibli la position politique du Katanga qui ne pouvait lutter sur plusieurs fronts.

Puis il y eut également la non-reconnaissance de l'indépendance du Katanga. Nous avons examiné quelles étaient les difficultés rencontrées pour la reconnaissance du nouvel Etat. Outre ces difficultés, les Katangais eux-mêmes avaient consciemment compromis toutes les possibilités qui pouvaient s'offrir.

En effet, l'article premier de la Constitution katangaise envisageait l'érection d'un Etat confédéral. Cette volonté fut mise en évidence par la Conférence de Tananarive qui s'était prononcée en faveur d'une unité confédérée. Outre cette volonté, même si nous admettons que la Confédération préconisée par le Gouvernement katangais ne peut, en effet, nuire aux efforts de la reconnaissance du Katanga comme Etat indépendant, certains faits, comme l'accord de Léopoldville, la déclaration de Kitona en huit points et l'acceptation du plan U-Thant prévoyant un régime fédéraliste, avaient à notre avis, réduit à néant, pour le Katanga, toute possibilité d'être reconnu. Toutes les chances d'un accord amiable ou forcé n'étaient pas pour autant compromises et surtout si l'on tient compte de la présence des Nations-Unies dans cette région. D'autre part, la reconnaissance de l'indépendance du Katanga allait certainement entraîner des conséquences néfastes pour de jeunes Etats africains qui vivaient continuellement sous menace de sécessions. Nous ne disons pas que la reconnaissance du Katanga était une chose impossible. Dans cette affaire, les intérêts prédominaient beaucoup plus que la raison et le sentiment.

Un autre facteur fut la reprise des relations diplomatiques Belgo-congolaises. Léopoldville comptait sur la collaboration de la Belgique pour mettre fin au régime sécessionniste. Or cette éventualité n'était possible que dans la mesure où les deux pays entretenaient de fructueuses relations. Les Congolais comprirent ce jeu diplomatique mais avec un certain retard. En écartant le facteur belge au Katanga, la sécession serait donc consommée. C'est ce qui explique l'importance de la reprise immédiate des relations diplomatiques. Cette reprise plaçait indubitablement le Gouvernement belge dans une mauvaise posture. En effet, ce dernier ne pouvait adopter une ligne de conduite politique différente sans donner l'impression de jouer un double ou triple jeu.

Puis finalement, il y eut la détermination des Etats-Unis. Au départ le Président Kennedy hésitait à prendre une position très marquée dans cette affaire. La seule préoccupation était d'écarter la présence soviétique au Congo, par tous les moyens possibles.

La tête du Département d'Etat considérait le problème congolais avec une sombre méfiance. Dean Rusk, en apparence, y pensait le moins possible. Mr. Harriman qui avait été favorablement impressionné par Moïse Tshombe lors d'une rencontre à Genève, se désolidarisait de la politique de l'ONU. Mr. George Ball avait adopté la même attitude. L'Etat major de la Maison Blanche n'était pas, non plus, unanimement favorable à l'action des Nations-Unies au Congo.

Plus tard, le Président Kennedy, avec la vieille confiance qu'il portait sur Edmund Gullion, étouffait ses doutes occasionnels pour apporter un soutien de poids à la politique de l'ONU. Il fit comprendre à Harold MackMillan que le soutien à l'Organisation des Nations-Unies était la meilleure garantie pour éviter un conflit armé entre les grandes puissances au Congo.

Il craignait la désapprobation par ses alliés de la recrudescence de la guerre des Nations-Unies contre le Katanga. Pour ce trait, il consacrait ses efforts dans la recherche d'une solution politique. Il convainquit de ce fait Mr. Spaak de soutenir le plan U-Thant. Mr. McGhee qui fut dépêché à Elisabethville en vue de presser Moïse Tshombe de se soumettre pour éviter un affrontement militaire, avait trouvé le président katangais méprisant à l'égard des Américains et sûr de ses propres forces armées. Au même moment, Mr. Gullion, nommé ambassadeur des Etats-Unis à Léopoldville pressait le Président Kennedy à mettre terme à la sécession katangaise, faute de quoi, le Congo éclaterait et les communistes s'empareraient de la plupart des morceaux. Telles étaient aussi les craintes de Mr. William et Mr. Fredericks au Bureau des Affaires Africaines et de Mr. Stevenson et Mr. Cleveland à l'ONU.

A la Maison Blanche, l'atmosphère était, en tout cas, très tendue. De fortes pressions s'exerçaient à Washington pour empêcher les forces de l'ONU de déclencher la guerre contre le Katanga. Mais Mr. Gullion envoyait sans interruption des télégrammes violents pour dire que si les Etats-Unis n'agissaient pas immédiatement ce serait donc la fin de l'influence américaine au Congo et cela inciterait le Gouvernement central, même sans Adoula, à accepter l'aide soviétique.

En conclusion, les pressions d'Edmund Gullion étaient plus déterminantes dans l'attitude finale du Président Kennedy pour la suite des événements qui mirent fin à la sécession du Katanga.

La phase finale de l'offensive de l'ONU

Sur le terrain, l'équilibre des forces avait cessé longtemps de se pencher en faveur des Katangais. Les Forces de l'ONU bénéficiaient d'une aide américaine importante. Ainsi donc, le 20 décembre 1962, les Etats-Unis avaient envoyé au Congo une mission militaire dirigée par le général Truman, destinée à impressionner et à effaroucher Tshombe. L'envoi de cette mission était la preuve évidente du raidissement du Département d'Etat américain.

Après l'échec des premières phases du plan U-Thant, le recours à la force avait cessé d'être un épouvantail. Les justifications officielles de l'opération finale étaient considérées comme conformes aux grands principes qui sont la nécessité d'assurer la liberté de mouvement de l'ONUC et d'expulser les mercenaires. Mais l'objectif essentiel n'en était pas moins de mettre définitivement fin à la sécession.

Selon Paul-Henry Gendebien, l'ONU était dans la nécessité d'agir le plus vite possible avant que Mr. Nehru ne rappelle le bataillon indien pour compléter ses défenses contre les pressions chinoises et d'autre part la patience de l'ONU ne pouvait durer éternellement.

Après la mort de Lumumba, les Etats-Unis y voyaient une nécessité d'autant plus urgente que le gouvernement Adoula, pro-occidental et favorable à l'ONU, menaçait de s'effondrer si une solution prompte n'était pas trouvée. Le risque d'être remplacé par une équipe plus radicale capable de réclamer le retrait de l'ONUC et de s'adresser à quiconque voudrait bien l'aider était bien évident.

C'est ainsi, qu'après une dernière confrontation militaire entre les forces de l'ONU et la légendaire Gendarmerie katangaise, que prit fin l'indépendance du Katanga. Après une brève confrontation armée, le 14 janvier 1963, Moïse Tshombe proclamait au monde la fin de la sécession. Le 15 janvier l'Union Minière signait à Léopoldville un accord sur les devises et le 23 janvier Mr. Iléo, Ministre résident du Gouvernement central, mit pieds sur le sol katangais.

La Guerre Froide : L'explication de l'intervention de l'ONU au Katanga

Dès son indépendance, le Congo était la proie de la convoitise internationale. Le problème épineux qui se posait, était de savoir sous quelle orbite que cet immense pays riche, au cœur de l'Afrique, se placerait.

Nous avons vu que la requête congolaise aux Nations-Unies ne concernait pas le maintien de l'ordre public. Elle avait pour objet précis, l'assistance militaire des Nations-Unies pour assurer le retrait des troupes métropolitaines du territoire congolais. Nous avons vu que cette assistance militaire des Nations-Unies avait répondu à autre chose qu'aux besoins de la requête congolaise. Dès lors, il faut rechercher l'explication de l'intervention des Nations-Unies sur d'autres bases.

En nous référant aux réflexions de Mr. Stéphane Bernard sur le problème katangais et les Nations-Unies, nous en déduisons qu'il n'y avait ni question katangaise, ni question congolaise isolées. En somme, il n'y avait que le problème de la guerre froide.

L'attitude des Occidentaux à l'égard de la crise congolaise se traduit par la stratégie politique qu'ils entendaient adopter à l'égard de l'Est. En effet, l'Est et l'Ouest sont deux "blocs" qui s'observaient et s'observent encore sur tout problème concernant l'Afrique. Aucun des deux ne permettrait de laisser la situation évoluer librement au profit du camp adverse sans, bien entendu, subir une perte de prestige et d'influence irrémédiable. Cette crainte mutuelle, cette méfiance réciproque, expliquent l'abstention des deux blocs de se livrer militairement au Congo, même si nous admettons que les tentatives avaient eu lieu de part et d'autre. Dès lors il était bien indispensable que l'ordre soit maintenu par une autorité internationale ne se rattachant ni à l'Est, ni à l'Ouest. C'est ce qui explique l'intervention militaire des Nations-Unies pour le maintien de l'ordre public et de la sécurité au Congo. Pourquoi "le maintien de l'ordre public" exclu à priori par le gouvernement congolais ? C'est ici où réside l'explication politique de l'intervention des Nations-Unies au Congo.

Le rétablissement de l'ordre intérieur était basé sur le fait que l'Union Soviétique exploiterait certainement le chaos au Congo pour mettre main-basse sur le Congo et se servir de ce pays pour l'expansion communiste en Afrique Centrale. C'est ce qui explique le rejet par le Conseil de sécurité où les Etats-Unis ont une position de force indéniable, de la condamnation de la Belgique comme agresseur qui aurait pu servir de prétexte à l'Union Soviétique d'intervenir.

Mr. Fredericks Wayne du Bureau Africain du Département d'Etat américain disait notamment : "Si nous n'avons pas une politique congolaise, nous n'avons pas de politique africaine." Pour les Etats-Unis le Congo est un grand tout de leur politique africaine.

En recourant aux Nations-Unies, il était indubitablement certain que celles-ci serviraient les intérêts de l'un des deux blocs. Lequel ? Celui des Etats-Unis, qui disposaient d'une large majorité au Conseil de sécurité. Dès lors les décisions de celles-ci ne pouvaient être contraire à leurs intérêts. Le Secrétaire-Adjoint d'Etat, Mr. Harlan Cleveland, disait notamment : "Nous avons décidé sagement de ne pas risquer une confrontation nucléaire en Afrique Centrale. Nous pensons qu'une force des Nations-Unies servirait les intérêts nationaux des Etats-Unis."

Ceci ne veut pas dire nécessairement que la politique des Etats-Unis au Congo n'aurait pu être servie également ou mieux encore par d'autres options. En un mot, ils disposeraient de plusieurs possibilités ; en dehors, de l'intervention militaire des Nations-Unies ; soit soutenir l'intervention belge pour mater carrément la mutinerie de la Force Publique, avec ou sans invitation du gouvernement Lumumba, et, avec l'aide de la Grande-Bretagne, de la France et des Etats-Unis, comme l'avait suggéré le Président Charles de Gaulle, soit envoyer une petite force américaine en réponse de la requête du gouvernement congolais du 12 juillet 1960. Malgré ces possibilités, personnes ne pouvaient dire quelles seraient les conséquences à long terme d'une telle action. En engageant les Nations-Unies, les Etats-Unis savaient trop bien qu'ils n'avaient rien à perdre. C'est ce qui explique, outre mesure, leur appui inconditionnel à l'intervention de l'ONU au Congo. Sans leur appui politique, financière et logistique, l'opération des Nations-Unies au Congo serait une entreprise condamnée et elle n'aurait même pas eu lieu.

Pour couvrir cette finalité, toute attention était centrée sur la sécession katangaise pour détourner l'opinion publique du vrai sens de l'intention des Nations-Unies au Congo. En effet, l'assistance américaine, par canal des Nations-Unies pour le "maintien de l'ordre intérieur" au Congo aurait été très mal vue et très mal ressentie par les dirigeants africains socialo-marxistes de l'époque, par contre une action militaire directe contre

Tshombe était bienvenue parmi eux, ce Tshombe qui ne reconnaissait pas, comme eux, l'intangibilité des frontières issues de la Conférence coloniale de Berlin.

Nous pouvons aisément dire que la sécession katangaise était ipso facto un moyen de pression tendant à réduire à néant toutes les chances qu'avait Lumumba de réussir dans son entreprise communisante. Jusqu'à sa mort, les Etats-Unis se réservaient quant à la viabilité de l'indépendance katangaise. On vit même, ce qui est important, le Conseil de sécurité voter une résolution excluant toute intervention dans un conflit interne et constitutionnel ou en influencer son issue (Résolution du 9 août 1960). Après la mort de Lumumba l'indépendance katangaise avait perdu tout intérêt de se maintenir pour les Etats-Unis et l'ONU. Entre parenthèse le Katanga et Moïse Tshombe furent totalement innocent dans l'élimination physique de Lumumba (voir pour cela le "projet Wizzard" dans les archives déclassifiées de la CIA).

L'intérêt de la France en ce qui concernait la politique belge au Congo résidait dans le fait qu'un changement de régime dans ce pays aurait des conséquences dangereuses pour son propre colonialisme en Afrique, car elle essaya d'éviter que ses anciennes colonies ne deviennent un bloc anti-Ouest et espérait y laisser des traces de politique, d'économie et de culture françaises. C'est ce qui résume la solidarité de la France à l'égard de la Belgique aux prises avec son ancienne colonie et son opposition à l'intervention des Nations-Unies que Charles de Gaulles appelait "ce petit machin."

Tout comme la France, la Grande-Bretagne craignait l'influence communiste en Afrique, influence qui aurait certainement des répercussions sur le problème de la Rhodésie. Ce qui était plus inquiétant pour elle est le fait que la Fédération de Rhodésie partageait la frontière, longue de plus ou moins 1.650 Kms avec le Katanga. C'est pour cette raison que Sir Roy Welenski désirait un régime stable et axé sur l'Ouest à Elisabethville. D'autre part, la Grande-Bretagne avait des intérêts industriels et financiers solides au Congo et à peu près 45% au Katanga.

Quant à l'Union Soviétique, elle ne pouvait compter sur les Nations-Unies pour asseoir son influence au Congo. Sa seule chance résidait en la personne de Patrice Lumumba qui avait de la sympathie pour l'URSS. Or, cette tentative politique avait été vite matée, malgré la présence des troupes ghanéennes et maliennes de l'ONUC qui étaient comme le pivot soviétique au Congo. C'est ce qui traduit son échec dans cette lutte d'influence politique et la réussite des Nations-Unies qui n'était autre qu'une victoire des Etats-Unis.

Ainsi donc, l'ONU fut, à notre avis, un des nombreux acteurs dans le drame de la sécession katangaise du 11 juillet 1960. Le Katanga et Moïse Tshombe ont eu, à tour de rôle, et par moment, tout le monde contre eux : Nations-Unies, Etats-Unis, Belgique, le bloc occidental de l'Ouest, l'Union Soviétique et les pays africains dits progressistes socialo-marxistes, le Gouvernement central de Léopoldville, l'O.U.A, etc. Tout le monde !

La traîtrise et l'action destructive de l'ONU au Katanga

Voici quelques propos et écrits de Moïse Kapend Tshombe au sujet de l'intervention illégale de l'O.N.U. lors de la sécession katangaise (Extraits de "Mémoires de Moïse Tshombe", 1975, éditions de l'Espérance, Bruxelles) :

"Quand serons-nous enfin libres et maîtres chez nous ? Quand pourrons-nous mener sans entrave notre peuple vers l'épanouissement total que nous lui réservons ? ;

L'ONU existe, ai-je dit, et nous devons donc essayer d'en retirer le maximum possible. Néanmoins, nous devons aussi arriver à empêcher l'ONU de nuire, comme ce fut le cas au Congo, car l'ONU peut jouer un rôle éminemment néfaste ;

L'historien qui fera un jour le bilan du Katanga pourra en toute vérité établir le compte exact des déboires, des désillusions, des deuils et des misères que nous ont apportés ceux dont le drapeau est d'azur, l'insigne du monde uni et fraternel, les idéaux de respect des droits fondamentaux de l'homme, le progrès social, la justice, et la prévention de toute guerre ;

La mission des Nations Unies est-elle d'empêcher le maintien de l'ordre public par ceux qui en sont chargés ? Est-elle de perturber l'exercice de leur maison ? ;

Cette mission, est-elle de tuer ceux qui accomplissent leur devoir ? Est-elle de tirer sans sommation sur les représentants de l'ordre public ? ;

Imposer une solution politique plutôt qu'une autre. [Chaque fois qu'elle le ferait] il en résulterait des conflits armés et de véritables guerres comme celles qui eurent lieu au Katanga ;

Les historiens à la solde de l'ONU prétendront que, lors de ces conflits, l'Organisation des Nations Unies était en état de légitime défense. Il n'en reste pas moins que les soldats de l'ONU eux-mêmes sont venus en Afrique Centrale avec des fusils, des mitrailleuses, des autos blindées, des avions, etc. Ils sont donc coupables d'avoir cherché querelle aux Katangais. C'est là une vérité fort simple, et il est regrettable qu'on essaie de la maquiller délibérément ;

Ce travestissement de la vérité, ce manque de bonne foi, constitue d'ailleurs un autre danger qui guette l'Organisation des Nations Unies, si elle se mêle d'entreprendre de véritables guerres. Or, la paix ne pourra régner sous l'égide de l'ONU que si celle-ci est véritablement impartiale et de bonne foi ;

Au Katanga, je pourrai citer des dizaines et même des centaines d'exemples de ce que l'ONU ne devrait pas faire. Il est regrettable qu'un organisme comme les Nations Unies, ''arbitre'' du monde, refuse de publier la vérité sur son rôle au Katanga ;

Cet argent [celui de l'ONU], servira, en fait, à payer des hommes, à armer et entretenir des militaires chargés de massacrer des enfants noirs, dans le fin fond de l'Afrique ;

L'ONU, fondée en vue de préserver les générations futures du fléau de la guerre, devient un champ clos où les grandes puissances s'affrontent ;

Dès qu'un problème est évoqué devant l'ONU, l'intérêt propre des nations, l'objet d'un conflit n'est déjà plus envisagé, mais les positions respectives des divers groupes entrent en jeu ;

A juste titre, les gens sérieux s'interrogent de plus en plus sur la valeur d'une telle institution ;

Loin de résoudre les problèmes, l'intervention de l'O.N.U. ne fait que les pourrir. Il me semble superflu de développer ici le tragique exemple du Congo ;

Les rapports mondiaux ne pourront pas se développer harmonieusement, tant que chacune des parties, et plus particulièrement celle se voulant l'arbitre des diverses parties, ne reconnaîtra pas ses fautes personnelles. D'ici là, il n'y aura que mensonge et chacun sait qu'un mensonge en entraîne un autre pour aboutir, en fin de compte, à une situation inextricable ;

Au sujet de ces mensonges, courants à l'Organisation des Nations Unies, Monsieur O'Brien, ancien représentant de l'O.N.U. au Katanga, a fait un exposé magistral dans le chapitre "The fire in the garage" de son livre "To Katanga and back" ;

Cette gestion de l'O.N.U. entraînera la destruction lente de notre appareil productif et dans un an, le Katanga aura rejoint le Congo sur le plan de l'inefficacité. Nous ne serons plus alors qu'un monstre inerte prêt à entrer dans sa phase finale de décomposition ;

(Propos recueillis de Moïse Tshombe dans ses Mémoires)

Et en guise de cerise sur le gâteau, voici quelques extraits de la brochure

"Le Katanga économique" de l'Office Culturel et économique du Katanga, Bruxelles, Novembre 1961, page 63 :

"L'O.N.U. veut s'attaquer aux soi-disant conseillers politiques, allant jusqu'à expulser du Katanga des privés, qui y ont passé toute leur vie, mais les représentants de l'organisme international ne cessent de jouer, à Léopoldville (Kinshasa), aux mauvais conseillers politiques, incitant le Gouvernement Central de Léopoldville à épouser les vues onusiennes et les empêchant de trouver des solutions saines, autrement dit, des solutions africaines, beaucoup moins difficiles à appliquer d'ailleurs que l'opinion internationale, mal informée, ne le croit généralement.

Des solutions africaines et durables, l'ONU n'en veut pas, car pour elle le problème congolais se place dans le contexte de la politique internationale et, s'il le faut, le Congo sera sacrifié à d'autres intérêts. Que le Katanga périsse pourvu que l'ONU vive ! Voilà le fond du problème [...]

A l'heure où nous écrivons, le calme règne au Katanga, les usines travaillent comme autrefois. La vie économique maintient toutes ses activités et a conservé tout son dynamisme. La guerre, traîtreusement déclenchée par les représentants de l'ONU en septembre dernier contre le Katanga, s'est soldée par un échec. En recourant à une intervention armée, l'ONU est sortie complètement de son rôle qui consiste essentiellement à maintenir la paix sur le plan international [...]

Le Katanga ne demande pas mieux que de pouvoir établir une franche collaboration constructive avec l'ONU A cette dernière de prouver que le droit des peuples à disposer d'eux-mêmes, garanti par la Charte, n'est pas un vain mot et de prouver qu'elle est, avant tout, une institution de paix."

Eh oui, quel est le constat aujourd'hui, en 2020 ? Le Congo a été sacrifié à d'autres intérêts, et le Katanga a péri, le pays est ruiné, et la solution saine, africaine, facile à appliquer, c'est-à-dire le confédéralisme, doit encore toujours être mise en place.

Le Katanga restera une véritable tache rouge sur le visage des Nations-Unies, ceci durera jusqu'à ce qu'un Secrétaire Général de l'ONU ait le courage de l'admettre et de présenter ses excuses, sinon l'affaire katangaise demeurera une plaie ouverte sur la peau de la Charte des Nations-Unies.

Pourtant le paragraphe 4 de la résolution du 9 août 1960 du Conseil de Sécurité de l'ONU disposait que : "Le Conseil réaffirme que la Force des Nations Unies au Congo ne sera parti à aucun conflit interne, constitutionnel ou autre, qu'elle n'interviendra en aucune façon dans un tel conflit ou ne sera pas utilisé pour en influencer l'issue."

Et pourtant, c'est tout à fait l'inverse que les dirigeants responsables de l'ONU ont décidé de faire, car la sécession du Katanga était un conflit interne de caractère constitutionnel, l'O.N.U. ne devait, d'après les termes de cette résolution du 9 août 60, ni y intervenir ni en influencer l'issue ! L'O.N.U. a donc fortement ébranlé, à l'époque, au Katanga, ses propres principes de base, ceux de non-ingérence dans les affaires intérieures d'un État, celui du droit des peuples à disposer d'eux-mêmes, ceux qui constituent la finalité même de cette société universelle qu'est par définition l'O.N.U. et qui doit : sauvegarder la paix dans le monde et maintenir la sécurité internationale... Mais au Katanga son action a établi dans les faits une contre-application évidente de ces grands principes fondamentaux !

Plus grave encore, les Nations Unies ont jadis joué un rôle de premier ordre dans l'échec des pourparlers entrepris entre congolais dans le cadre d'un règlement pacifique de la crise congolaise (cf. La conférence de Tananarive du 8 au 12 mars 1961)... personne ne peut nier l'ingérence de l'ONU dans le non-aboutissement de ce qui était jadis la seule et unique bonne solution pour résoudre tous les problèmes, c'est-à-dire la constitution des États-Unis confédérés du bassin du Congo, la confédération d'États indépendants... Comment l'O.N.U. peut-elle réparer cela de nos jours ? En admettant ses défaillances, en présentant ses excuses et en faisant de nos jours la promotion de ce concept comme étant "LA" solution pour résoudre la crise dans ce pays, c'est aussi simple que cela.

Quelle hypocrisie de la part de l'ONU, et ce sont les forces des Nations-Unies qui ont agressé le Katanga et non pas l'inverse !

Car, affirmons-le haut et fort, au Katanga, l'ONU a violé :

1/ Sa propre Charte

2/ La Déclaration Universelle des Droits de l'Homme

3/ La Convention de Genève du 12 Août 1949

4/ Les principes de la Convention de la Croix-Rouge Internationale de Genève

Au Katanga, les "mercenaires" incompétents, d'origine indienne et éthiopienne, de l'O.N.U. ont :

1/ commis des meurtres et assassinats sur des civils non-armés de différentes nationalités : Italienne, belge, française, katangaise, nord-rhodésienne, suisse, etc. ;

2/ violés des femmes civiles européennes et katangaises ;

3/ fait des arrestations brutales arbitraires ;

4/ mitraillé sans motif des habitations civiles paisibles ;

5/ pris des otages ;

6/ commis des vols et pillages ;

7/ bombardé l'hôpital Prince Léopold, l'hôpital Reine Élisabeth et l'hôpital de Shinkolobwe ;

8/ utilisé à des fins militaires un hôpital ;

9/ occupé à des fins militaires l'hôpital du B.C.K. et la clinique universitaire de Élisabethville ;

10/ tué, blessé et arrêté des ambulanciers de la Croix-Rouge et détruit des ambulances civiles ;

11/ tiré des obus de mortiers sur des maisons, écoles, églises, foyers sociaux, postes, usines, etc. en d'autres mots, sur des bâtiments civils ;

12/ ouvert un véritable "camp de concentration" où ils entasseront 30.000 Balubas dans des conditions inhumaines : en 6 mois, on y constatera à peu près 2.000 décès ;

13/ par le biais de leurs vaillants aviateurs suédois, survolé en hélicoptère les parcs de l'Upemba et de Kundilungu pour mitrailler les animaux qui y avait été préservés ;

La seconde invasion barbare des troupes de l'ONU au Katanga avait suscité tellement de commentaires de par le monde, que la communauté noire afro-américaine, au sein du Parti Républicain, a voulu en savoir plus. Ainsi, sous l'égide de Max Yergan, un leader afro-américain, président du "American Committee for Aid to Katanga Freedom Fighters", le professeur Ernest van den Haag, c'était déplacé au Congo pour enquêter. Le professeur, scientifique et auteur de renommée, membre de la faculté de l'Université de New York, interviewa des centaines de personnes, officiels et privés, et rendu son rapport en mars 1962. Conclusions du rapport :

L'action militaire de l'ONU au Katanga n'était pas de l'auto-défense ;

L'intervention militaire de l'ONU n'était pas pour prévenir une guerre civile ;

L'intervention militaire de l'ONU ne peut pas être justifiée par l'objectif de faire partir les mercenaires installés au Katanga ;

Le vrai motif de l'action militaire de l'ONU, était de renverser le régime Tshombe et forcer le Katanga à rentrer dans le rang du gouvernement central ;

L'action de l'ONU au Katanga viole la propre charte des Nations Unies ;

Les troupes de l'ONU ont au Katanga agit contre des personnes civiles et leurs biens, ceci d'une façon qui ne peut être justifiée ;

Le soutien des USA pour l'action militaire au Katanga, n'a pas servi la paix, la liberté ou la résistance contre le communisme et n'était pas dans l'intérêt national du Congo lui-même ;

Les soldats de l'ONU ont commis, au Katanga, des actes répulsifs et sadiques ;

Voilà, on ne peut être plus clair que cela !

D'ailleurs, une autre investigation, menée par Lord Russel of Liverpool, à l'époque un des juristes les plus réputés de la Grande-Bretagne, qui avait siégé lors du Tribunal Pénal International de Nuremberg, était arrivé à quasi les mêmes conclusions que le rapport du professeur Ernest van den Haag.

Ainsi, les "mercenaires" de l'O.N.U. ont, au Katanga, violé les articles suivants de la Convention de Genève : art. 3, 18, 19, 20, 21, 27, 31, 33, 34, 43, 57, 72 et 85. Pas mal, bravo, mais c'est quand même un bien triste record pour un organisme créé afin que règne la Paix sur Terre !

Il est également à noter que ce sont des officiels subordonnés des Nations-Unies qui sont responsables pour avoir lancé la première attaque surprise des forces de l'ONU contre le gouvernement katangais en septembre 1961, car le Secrétaire-Général des Nations-Unies à ce moment, Mr. Hammarskjold, n'avait pas donné son autorisation pour cette action. Ces officiels subordonnés étaient Dr. Conor Cruise O'Brien, un intellectuel irlandais gauchiste qui devint, comme par hasard, plus tard, recteur/chancelier de l'Université du Ghana, sous le régime "Communiste" de Kwame Nkrumah, et son député, Michel Tombelaine, un français connu à l'époque pour ses liens et connections communistes.

Et depuis, le Katanga et le Congo ont sombré dans une misère de plus en plus grandissante... c'est la ruine totale. Moïse Tshombe avait bel et bien raison quand il disait : « Cette gestion de l'ONU entraînera la destruction lente de notre appareil productif et dans un an, le Katanga aura rejoint le Congo sur le plan de l'inefficacité. Nous ne serons plus alors qu'un monstre inerte prêt à entrer dans sa phase finale de décomposition ».

Non seulement le Katanga a été dupé par les Nations-Unies, tous les congolais et toutes les personnes qui étaient pour l'application du "Confédéralisme" au Congo, ont été dupés par l'Occident.

Mieux, l'ONU n'a pas tenu parole envers le Katanga, elle a été sans honneur envers le Katanga, car lors des dernières négociations, les Autorités katangaises et Moïse Tshombe avaient accepté le contenu de ce qu'on a appelé le "Plan U'Thant" ou la déclaration "U'Thant" du 31 décembre 1963. Ce plan prévoyait la mise en œuvre du simple fédéralisme en échange d'une capitulation du Katanga comme état indépendant. Et notons que début janvier 1963, arrivait un message du Gouvernement belge, invitant fermement Tshombe à capituler et garantissant que le plan U'Thant serait alors loyalement appliqué ! Bien évidemment, il n'en fut rien... une trahison de plus. Cependant, croyant fermement à l'application du plan U'Thant, en début de matinée le 14 janvier 1963, les ministres katangais avaient décidé de capituler en fonction du contenu de ce message provenant du Gouvernement belge, aussi ont-ils lancé sur les ondes une réponse à ce message télégramme du Gouvernement belge, message disant ceci :

"Nous sommes prêts à proclamer devant le monde que la sécession katangaise est terminée. Nous sommes prêts à laisser aux troupes des Nations-Unies, la liberté de mouvement dans tout le Katanga. Nous sommes prêts également à rentrer à Élisabethville, pour y régler les modalités d'application du plan U'Thant. Nous demandons que le Président de la République du Congo et le Premier Ministre fassent entrer en vigueur, au moment même de cette déclaration, l'amnistie prévue par le plan U'Thant, afin de garantir la sécurité et la liberté du Président et du Gouvernement du Katanga, de tous leurs fonctionnaires et agents, de toutes les personnes qui ont travaillé sous leur autorité. Nous sommes décidés à établir une coopération loyale avec les Nations-Unies dans l'exécution de leur mandat et demandons que le jour et l'heure d'une rencontre soient fixés, en vue d'épargner les souffrances de la population, nous souhaitons que notre proposition puisse être exécutée dans le délai le plus bref « (Sé/ex-Président de l'État du Katanga - Moïse Tshombe -) ».

C'est ainsi, que pris fin, officiellement la sécession du Katanga, donc, en ayant confiance que le plan U'Thant serait appliqué, plan qui prévoyait l'ouverture de négociations pour la voie "fédérale". Ruse et tromperie ! Tous les fédéralistes congolais ont ici été dupés, par la Belgique, les USA et les Nations- Unies, car ce plan U'Thant prévoyait pour la République Démocratique du Congo une Constitution "fédérale". C'est pour ce fédéralisme-là que le Katanga et Tshombe ont déposé les armes. On leur avait pourtant donné des garanties pour cela. Dans le langage commun on appelle cela : "mentir", "trahir", "tromper", "être lâche", "ne pas tenir promesse", "être mauvais", "être sans parole d'honneur". Les gouvernements belges, américains et anglais avaient pourtant bel et bien donné leur accord, le 14 janvier 1963, pour cette proposition que fut le plan U'Thant... Qu'en est-il advenu ?

Mais allons un peu plus loin, il n'y a pas que l'aspect de la Constitution fédérale, de ce plan U'Thant, qui ne va pas être respecté, qu'en sera-t-il de la sécurité et de la liberté de toutes les personnes qui ont travaillé sous l'autorité du gouvernement katangais, en particulier ceux des forces armées katangaises ? Est-ce que les Nations Unies, les belges, les américains vont veiller à leur sécurité après la capitulation (cf. le plan U'Thant) ? Hé bien pas du tout... là aussi, une vile tromperie nous attendait. Tous les soldats katangais vont être dispersés dans plusieurs bataillons de l'Armée nationale congolaise (ANC), sous les instructions de Mobutu (Lieutenant-Général), en 1964, ils seront étroitement surveillés, nombreux seront ceux qui vont être physiquement éliminés, qui vont être maltraités. Un ancien camp d'entraînement d'Irebu, à Kisangani, va aux mois d'août et de septembre 1966, près du lac Tumba, être transformé en un véritable camp d'extermination de soldats katangais. A Léopoldville (Kinshasa), 66 officiers katangais vont être sévèrement maltraités, 37 d'entre eux vont être assassinés et jetés dans le fleuve Congo, 22 autres vont être brûlés avec de l'essence dans un trou creusé, d'autres vont mourir de faim.

2.990 ex-Gendarmes katangais, avec leurs chefs : le Lieutenant-Colonel Léonard Monga, Capitaine Damas Nawej, Adjudant Stelas Ilunga, Adjudant Martin Luther Ntambwe, Adjudant Vindicien Kasuku, furent déportés vers Kinshasa pour y être maltraités. Au Kivu, l'Armée Nationale Congolaise va poursuivre les ex-gendarmes katangais, tandis qu'au Katanga, le Gouverneur nommé par Mobutu, Mr. Jean Faustin Manzikala, va ordonner la chasse à l'homme katangais par la Sûreté nationale congolaise. Ces ex-gendarmes vont être assassinés au camp Simonet, au camp Karavia, d'autres vont être jetés comme nourriture aux ours dans le jardin zoologique de Élisabethville (Lubumbashi). A cause de tout cela, beaucoup d'ex-gendarmes katangais vont, en 1996 et 1967, massivement entrer en Angola, où ils vont recevoir des autorités coloniales portugaises le droit d'asile.

Mr. Daniel Monguya Mbenge, anciennement haut-fonctionnaire du Gouvernement central de Kinshasa et ancien Gouverneur de la Province du Katanga sous Mobutu, qui s'était ultérieurement exilé en Belgique, a déclaré, en 1976, à Luanda, en Angola, aux ex-gendarmes en exil là-bas, que Mobutu lui avait donné les instructions d'exécuter les ex-gendarmes katangais à une cadence journalière de 25 personnes.

Où étaient à ce moment-là la Belgique, les Américains, les Anglais et surtout les Nations Unies pour garantir la sécurité de ces personnes qui avaient travaillé pour le Gouvernement sécessionniste du Katanga... où étaient-ils pour faire respecter et appliquer cet aspect-là du plan U'Thant ? Réponse : Nulle part !

Que les Nations-Unies le sachent que les familles et descendants de toutes les personnes, qui ont eu à subir cet abject sort, n'ont rien oublié de tout cela. Et, non seulement eux, mais également ceux d'origine katangaise, et encore les familles des européens, morts au Katanga, sous les balles et obus de mortiers des "mercenaires" incompétents et indisciplinés de l'ONU. Les sauvageries de ces "mercenaires" furent telles, que de nombreuses personnes d'origine européenne, nées ou vivant depuis longtemps au Katanga, pays qui était devenu leur patrie, scandalisées et écœurées par les meurtres, vols, viols et exactions des soldats de l'ONU, se sont engagées sans solde, volontairement, aux côtés de leurs compatriotes noirs Katangais pour combattre les troupes de l'ONU.

L'intervention de l'ONU au Katanga, demeure une plaie ouverte sur la surface de sa propre charte.

L'intervention de l'ONU au Katanga, a été empreinte de lourdes hypocrisies dans les chaînes de commandement de l'ONU, ceux qui ont éventuellement joué un véritable rôle d'arbitre, étaient Mr. Ralph Bunche et Mr. Gardiner, tous les autres, Dayal, Rikhie, Khiari, le Général Raja, O'Brien, Tombelaine, n'étaient qu'au service d'eux-mêmes, de leurs ambitions personnelles, de leurs préjugés, et idées préconçues de l'ONU.

D'ailleurs, le dimanche 10 décembre 1961, des personnes européennes de couleur de peau blanche, déposèrent à l'entrée de l'Ambassade des U.S.A., à Bruxelles, une couronne aux couleurs katangaises, avec les inscriptions suivantes : « U.S.A., vos victimes au Katanga vous remercient » !

Citons ici avec grand plaisir, Mr. André Vleurinck, un médecin belge, né et ayant grandi et travaillé au Congo, au Katanga, dont le père a également travaillé comme médecin au Katanga :

"L'ONU, dont les observateurs, aujourd'hui anno 2006, prétendent pacifier l'Ituri et le Kivu, travaillent à la réunification de l'assemblage congolais, cette construction géopolitique contre nature et quasiment invivable, née à Berlin en 1885 de l'ignorance totale qu'avait l'Europe des réalités africaines. Le Quay d'Orsay (la France), l'espère aussi pour remettre au pouvoir les Mobutistes. L'Amérique qui a pourtant dû admettre que l'unité yougoslave était à l'origine des tueries qui ont ensanglanté cette région, n'a toujours rien compris en ce qui concerne l'Afrique. La Belgique non plus d'ailleurs, pour deux raisons essentielles dont la première, excusable, procède de l'ignorance de l'histoire comme de la mentalité des peuples africains. La seconde raison est que son monde politique pas plus que ses médias ne veulent rien savoir de ces réalités. Pour ne rien dire de l'intérêt publicitaire que comportent toujours en politique les slogans "humanitaires", de quoi vivraient ces journalistes "spécialisés" s'ils n'avaient plus à jeter en pâture à leurs lecteurs les images d'une misère qu'ils entretiennent en sous-main ? A l'heure où les Belges se demandent comment aider les peuples d'Afrique à sortir du marasme, ne serait-il pas élémentaire de commencer à les informer ?»

Le quotidien Washington Star écrivait à cette époque : "La version donnée par le Département d'Etat Américain pour justifier le soutien et le financement de l'intervention militaire au Katanga est soit complètement naïf ou d'une hypocrisie grotesque."

Le célèbre Dr. Albert Schweitzer, témoignait également, à Genève, le 28 Août 1961, pour un journal suisse, sa profonde indignation : "La politique menée par l'ONU dans l'ex-Congo belge me fait peur, car elle témoigne d'une totale ignorance des problèmes du pays. C'est une grande et grave erreur d'essayer d'unir par la force des peuples tellement divers. Si le Katanga aspire à une voie confédérale lui procurant de l'autonomie au sein du Congo, l'ONU devrait respecter ceci et ne pas essayer à tout prix d'imposer son point de vue."

En avril 1962, 48 médecins d'Elisabethville dénoncèrent, dans un ouvrage intitulé "48 Hommes en colère", les violations par l'ONU au Katanga de sa propre Charte, de la Déclaration Universelle des Droits de l'Homme et des Conventions de Genève. Parmi ces médecins figurait le Docteur T. Vleurinck, médecin du B.C.K., qui fut le coordinateur pour ce travail.

Pour clore ce chapitre, voici quelques exemples des crimes commis par les troupes de l'ONU au Katanga.

Le 13 et 15 septembre 1961, neuf personnes civiles (7 Africains et 2 Belges) sont tuées par les mercenaires de l'ONU par des tirs du haut de la Poste. Parmi ces personnes tuées figurait Mr. Gaëtan Powis de Tenbossche, un jeune célibataire belge de 28 ans qui traversait la Place de la Poste en se rendant à la boulangerie Marucchi pour y acheter du pain destiné surtout à quelques voisins qui n'osaient plus sortir de chez eux.

Lors des combats de décembre 1961, on a pu relever 141 cadavres, dont 56 étaient des combattants (54 Katangais et 2 Européens luttant pour et avec le Katanga), le reste furent tous des civils, dont 13 civils katangais africains et 22 katangais européens furent indubitablement assassinés par les soi-disant soldats de la Paix de l'ONU ! Parmi eux, Mr. Georges Olivet (Suisse, 34 ans, délégué de la Croix Rouge Internationale), Mme Nicole Vroonen (Belge, 35 ans, ambulancière), et Mr. Sijtse Smeding (Néérlandais, 25 ans, chauffeur-ambulancier). Ils furent tout d'abord blessés par des tirs de mortier dans leur ambulance, puis par après achevés à bout portant par les soudards Ethiopiens, casques bleus à la solde de l'ONU.

Le 16 décembre cinq casques bleus éthiopiens pénètrent dans le jardin de Mr. Guillaume Derriks, belge et Directeur Général Adjoint de l'Union Minière du Haut-Katanga. Dans les environs on entend quelques tirs. Le boy Kapenga suivi par les Ethiopiens, rentre dans la maison et, inquiet, s'enferme dans ce qu'on appelle le "magasin", pièce attenante à la cuisine où on garde les provisions. Le boy Fimbo est abattu dans la cuisine par les Ethiopiens, et Guillaume Derriks sort de son salon pour voir ce qui se passe et est abattu à bout portant d'une rafale. Les malfrats casques bleus Ethiopiens entrent dans le salon et y tuent la mère de Mr. Derriks, qui y vivait avec son fils, elle avait 87 ans ! Quand les 5 assassins quittent la maison, le boy Kapenga se dit qu'ils vont revenir et se cache entre le plafond et le toit. Il y restera sans boire ni manger du samedi au lundi matin, jusqu'à ce qu'il entende des voix parlant en français et se signale. Il pourra donc raconter ce qu'il a vu ou entendu y compris le retour des 5 Ethiopiens pour piller quelque peu dans la maison !

Voici quelques exemples parmi tant de la façon dont les troupes de l'ONU se sont comportées au Katanga. Leurs débordements ont été le fait des contingents éthiopiens et indiens, mais aussi dans une moindre mesure des Irlandais et Suédois. Leur comportement et crimes avaient soulevé l'indignation générale. Dans la préface du livre "48 Hommes en colère » » Mr. Paul Struye écrit : "Dès le 12 octobre, le Sénat belge votait – à l'unanimité – une motion qui rendait indispensable et urgent d'ouvrir une enquête internationale ayant pour objet de déterminer si les graves accusations qui ont été dirigées contre certains agents de l'ONU ou certains éléments des forces internationales stationnées au Katanga, sont ou non fondées, et d'établir éventuellement les responsabilités en vue de permettre, s'il y a lieu, l'application de sanctions aux responsables et la réparation de préjudice subi par les victimes. Aucune suite n'a, jusqu'à ce jour, été donnée à cette motion, dont personne ne mettra en doute l'exemplaire modération. Depuis lors, de nouvelles opérations ont été déclenchées au Katanga, de nouvelles victimes civiles sont tombées, de nouveaux crimes ont été dénoncés."

Quelle hypocrisie !

Et en contrepoint :

Le Secrétaire général par intérim des Nations-Unies, Mr. U Thant donna par télégramme la réponse suivante au Premier Ministre belge, Spaak : "Comme Vous le savez, la Force des Nations-Unies est une force de Paix." Mieux, le 14 décembre 1961, un porte-parole de U Thant faisait la déclaration suivante : "Il est inconcevable que les troupes de l'ONU puissent se livrer à des atrocités contre les civils."

En français populaire on répliquerait à ceci avec l'expression "Mon Œil !", ce n'est pas de la langue de bois cela, mais du mensonge conscient et organisé d'autodéfense.

Au Katanga, l'ONU a aligné une force aérienne composée de :

- *4 Camberras de l'Indian Air Force*

- *6 F 86 Sabre de l'Ethiopian Air Force*

- *6 Saab J 29S de la Royal Swedish Air Force*

Pourquoi ? Pour cibler des objectifs bien précis, non pas militaires, mais des objectifs civils. Ainsi 4 hôpitaux seront bombardés : celui de Shinkolobwe, la Clinique Reine Elisabeth, l'Hôpital Prince Léopold et l'Hôpital U.M.H.K de Lubumbashi.

Ces mêmes avions ont attaqué la gare, l'usine de la Luilu, et d'autres installations industrielles du Katanga. Ceci prouve bien que la réelle mission de l'ONU ne faut pas de maintenir l'ordre ou de la rétablir, mais tout simplement de liquider la sécession katangaise.

Ce que peu de gens savent et que l'on cherche à effacer le plus possible, car c'est honteux pour l'ONU, les Etats-Unis et la Belgique, est le fait que beaucoup d'européens vivant au Katanga, avaient consciemment choisi le camp du Katanga, et beaucoup parmi eux s'étaient fait enrôler volontairement dans les rangs des gendarmes katangais pour combattre l'ONU. Ceci est du jamais vu dans l'histoire, une communauté blanche qui prend les armes, aux côtés de leurs hôtes africains, contre l'ONU, et contre au fait la politique de leurs propres gouvernements européens. Ainsi, à Bruxelles, la cause katangaise ne manquait pas d'avoir du soutien dans la rue et chez le peuple belge, et s'y crée des Amitiés Katangaises au 61 de la rue de la Madeleine. Des réunions et défilés s'y succèdent, et aussi l'édition de tracts pro-Katanga. Un de ses tracts tiré à 100.000 exemplaires comportait le texte suivant : "L'Amérique du Président Kennedy, ce fils de milliardaire, fournit l'argent et les armes pour assassiner nos compatriotes au Katanga. Non contents d'avoir jadis exterminé les Peaux-Rouges pour prendre leurs terres, les Américains veulent maintenant de la même façon le massacre des Katangais pour s'emparer de leurs mines. Que fait P.H. Spaak pour nous défendre ? A bas les requins Américains ! A bas l'OTAN ! Vive le Katanga !" On verra même, à cette époque, la publication, à Bruxelles, de l'Echo du Katanga, publié par Albert Decoster.

L'action de l'ONU au Katanga fut une honte et jusqu'à ce jour l'ONU est redevable au Katanga.

Mais plus grave encore est le statut particulier que le Congo endosse jusqu'à ce jour au niveau international, et la myopie que les Congolais ont par rapport à ce statut qui les affecte au quotidien.

Le Congo-Kinshasa : Un grand marché international de libre exploitation

Ce que beaucoup de gens - et particulièrement beaucoup de congolais - ignorent, c'est le statut bien particulier que le Congo a reçu lors de la Conférence de Berlin, en 1885, au cours de laquelle les frontières arbitraires et artificielles de l'Afrique furent fixées. Voyons cela d'un peu plus près. L'acte général de la Conférence africaine de Berlin de 1885 commence ainsi :

« Au nom de Dieu Tout Puissant,

Sa Majesté l'Empereur d'Allemagne, Roi de Prusse, Sa Majesté l'Empereur d'Autriche, Roi de Bohème etc., et Roi Apostolique de Hongrie, Sa Majesté le Roi des Belges, Sa Majesté le Roi du Danemark, Sa Majesté le Roi d'Espagne, le Président de la République française, Sa Majesté la Reine du Royaume-Uni de Grande Bretagne et d'Irlande, Impératrice des Indes, Sa Majesté le Roi d'Italie, Sa Majesté le Roi des Pays-Bas, Grand-Duc de Luxembourg etc., Sa Majesté le Roi du Portugal et d'Algarve etc., Sa Majesté l'Empereur de Toutes les Russies, Sa Majesté le Roi de Suède et de Norvège etc. et Sa Majesté l'Empereur des Ottomans, Voulant régler dans un esprit de bonne entente mutuelle les conditions les plus favorables au développement du commerce et de la civilisation dans certaines régions de l'Afrique {...} ont résolu, sur l'invitation qui Leur a été adressé par le Gouvernement Impérial d'Allemagne, d'accord avec le Gouvernement de la République Française, de réunir à cette fin une Conférence à Berlin et ont nommé pour Leurs Plénipotentiaires, savoir: {...} Lesquels, munis de pleins pouvoirs qui ont été trouvés en bonne et due forme ont successivement discuté et adopté;

1.Une Déclaration relative à la liberté du commerce dans le bassin du Congo et ses embouchures... {...}

2.Une Déclaration concernant la traite des esclaves... {...}

3.Une Déclaration relative à la neutralité des territoires compris dans le bassin conventionnel du Congo ;

4.Un Acte de navigation du Congo ; ... {...}

5.Un acte de Navigation du Niger ; ... {...}

6.Une Déclaration introduisant dans les rapports internationaux des règles uniformes relatives aux Occupations qui pourront avoir lieu à l'avenir sur les côtes du Continent Africain ;

Et ayant jugé que ces différents documents pourraient être utilement coordonnés en un seul instrument, les ont réunis en un Acte général composé des articles suivants {...}

Tiens-tiens, sur les six Déclarations, il y en a trois qui traitent spécifiquement du Congo ! Pourquoi ? Dans quel but ? Et, qu'est-ce que tout cela veut bien dire ? Eh bien, cela veut dire la chose suivante : ces pays colonisateurs ont fait, à ce moment-là, du bassin du Congo, une grande zone de commerce international libre, où tout le monde pouvait venir faire du commerce, ou plutôt, pouvait venir exploiter les richesses, ils avaient fait du Congo un grand marché international libre, où les grandes puissances pouvaient venir se servir à leur guise, sans rendre compte à qui que ce soit, et Léopold II devait en être l'arbitre, le parrain de cette maffia, le Président de cette tribune, le gendarme de service, tout en occupant le premier rang parmi les exploitateurs.

Prenons tout simplement l'article 1 du premier Chapitre de cet Acte général, intitulé "Déclaration relative à la liberté de commerce dans le bassin du Congo"... cet article 1 dit :

« Le commerce de toutes les nations jouira d'une complète liberté : Dans tous les territoires constituant le bassin du Congo et de ses affluents {...} Il est expressément entendu qu'en étendant à cette zone la liberté commerciale, les Puissances représentées à la Conférence ne s'engagent que pour elles-mêmes et que ce principe ne s'appliquera aux territoires appartenant actuellement à quelque État indépendant et souverain qu'autant que celui-ci y donnera son consentement {...} ».

Ou encore l'Article 5 du même Chapitre :

« Toute Puissance qui exerce ou exercera des droits de souveraineté dans les territoires susvisés ne pourra y concéder ni monopole ni privilège d'aucune espèce en matière commerciale {...} ».

Le statut conféré au Congo, en 1885, à Berlin, c'était cela, un grand marché international, ouvert et libre à l'exploitation. Et aujourd'hui, anno 2020, le Congo est encore et toujours ce grand marché international ouvert et libre, où les étrangers, qu'ils soient blancs ou noirs (venant de pays africains voisins) peuvent se servir et où des congolais eux-mêmes se servent sans réellement se soucier du développement de leur pays. Car le Congo, encore et toujours unitaire et (dé)centralisé, selon le modèle et la structure imposées à Berlin en 1885, ne fait, de nos jours, que donner une prolongation à tout cela, pour le plus grand bonheur de tous les pillards, qu'ils soient blancs, jaunes ou noirs... peu importe, car pour eux, ce qui compte avant tout c'est que le Congo demeure actuellement encore et toujours un grand marché international libre et ouvert, où les ressources peuvent être exploitées d'une façon anarchique, où les fuites de capitaux sont monnaie courante... ceci afin d'enrichir des comptes en banque en Occident et des sociétés occidentales, tout cela les arrange énormément dans cette grande "guerre" économique sans pitié qui sévit sur terre, guerre dans laquelle on cherche à positionner le mieux possible sa Nation et ses propres grandes entreprises nationales au détriment des autres.

C'est cela la "vraie" raison pour laquelle, aujourd'hui dans certains milieux - vu que la guerre froide n'existe plus - on ne veut pas vraiment de la voie "Confédérale" pour le bassin du Congo, cette région scandaleusement riche... réellement la plus riche du monde. Car la mise en œuvre de la voie "confédérale" au Congo signifierait, aujourd'hui, l'arrêt de mort de ce fait unique et inique : le fait que le bassin du Congo soit encore et toujours, dans les faits, un grand marché international ouvert à une libre exploitation anarchique. Le Congo unitaire (dé)centralisé est en réalité une tombe pour le peuple congolais... il donne une longévité durable au non-développement, car aussi longtemps que le Congo unitaire (dé)centralisé existera, certains essayeront de mettre au pouvoir, à Kinshasa, celui ou ceux qui serviront les intérêts de ce Grand Marché International Ouvert et Libre à l'exploitation... un intérêt tout autre que celui du peuple congolais. Dans un Congo unitaire centralisé, voire même décentralisé, la politique pour ce Congo se décide au fait, en réalité, à Bruxelles, à Paris, à Washington, à Genève, à Londres, à Kigali, à Kampala, à New-York au Nations-Unies, à Luanda, à Johannesburg, etc. ...comme en 1885 à Berlin, autrement dit, partout, sauf au Congo-même... Alors que, dès qu'il existera un Congo confédéral, tout ceci ne sera plus possible, car chaque région sera alors gérée en bon père de famille par quelqu'un de l'ethnie locale, du clan local, quelqu'un qui ne pourra pas trahir son propre sang, qui sera tenu aux traditions ancestrales locales de la ''terre''. Ce qu'il faut comprendre, c'est que tout ce qui importe aux Occidentaux, ce n'est pas le politique, c'est l'économique... l'économique et rien d'autre. Aujourd'hui c'est la guerre "économique" sur terre. De l'aide au Tiers Monde, de l'aide au développement... cela n'existe pas réellement, c'est de la poudre aux yeux, que les plus riches jettent aux plus pauvres, afin de masquer leur réel jeu dans cette "guerre économique" sans pitié.

C'est à l'unitarisme qu'il faut attribuer tous les méfaits connus et inconnus auxquels le peuple congolais a dû faire face pendant plus de 60 ans. Je suis d'avis qu'aucune forme de décentralisation ne pourrait donner au bassin du Congo une organisation socio-politique appropriée. Le peuple congolais a été mis, depuis 1965, à l'écart de la gestion de son pays et la cause principale de l'effondrement du pays sur tous plans est la forme de l'État unitaire, où un pouvoir central lent et inefficace a toujours été essentiellement préoccupé par la préservation de son monopole de gestion du pouvoir politique et administratif, ainsi que par la gestion des ressources financières, ceci avec, en permanence, le même but principal: l'enrichissement des tenants du pouvoir, ou, exprimé différemment: les activités des unitaristes centralisateurs ont été essentiellement axées sur la préservation de leur chasse gardée. L'unitarisme congolais engendre, tout à la fois, une mentalité attentiste, un étouffement des libertés d'initiatives, une concentration des pouvoirs doublée d'une absence de véritable contrôle par la population, une lenteur épouvantable dans les organes du pouvoir central, des nominations de personnes non qualifiées, voire incompétentes - corollaire de cette volonté de préserver la chasse gardée - l'inexistence de la notion de mérite... et, hélas, bien d'autres maux encore.

Dans un État unitaire pareil, le pouvoir politique ne relève que d'un seul titulaire, donc il n'existe aussi qu'un seul centre politique et gouvernemental et, dans un État aussi grand que le Congo, cela écarte les diversités individuelles et méprise les différences locales. Sur un territoire aussi étendu que celui du Congo, un système pareil ne peut survivre qu'au moyen d'une violence et/ou d'une corruption à grande échelle, quelque part il ne peut être que dictatoriale et/ou corrompu et par conséquence subsidiaire, inefficace de surcroît. Il est inutile de chercher loin : les 60 ans d'unitarisme intrinsèque que le Congo a subi nous prouvent bien l'échec de ce système. Même sous une forte décentralisation, les Provinces et Entités locales de base, ne deviendront jamais de véritables centres d'initiative, d'impulsion, de développement, de décision, de rénovation et de responsabilité.

Aussi longtemps, que le Congo demeure un état unitaire, centralisé ou décentralisé, avec comme capitale politique Kinshasa, le pays demeurera dans une paralysie effroyable et l'autonomie des régions restera étouffée, ces régions où les peuples sont délaissés... où, à la population, on demande tout juste de soutenir le pouvoir en place qui lui, de son côté, pour obtenir le résultat qu'il souhaite pratique la corruption à grande échelle et le clientélisme politique tous azimuts. Et pour ce faire, on nomme n'importe qui à des postes et fonctions - que ce soit dans la capitale politique que dans les Provinces et Entités de base - le seul et unique but étant d'assurer le maintien du pouvoir en place, en donnant aux nommés carte blanche quant aux tactiques à utiliser pour aboutir au résultat recherché. Donc, on fait tout... sauf servir réellement les populations. Dans un Congo centralisé, le pouvoir central est toujours trop occupé à dépenser de l'énergie et de l'argent dans l'objectif de se réserver le monopole de la gestion du pouvoir politique et administratif et préoccupé de voir comment il peut constamment absorber, à son profit, les ressources financières de l'ensemble du pays... lesquelles une fois mal gérées n'amèneront aucun fruit ni bénéfice au profit des Provinces et Entités de base.

Car le pouvoir en place, ne tient absolument pas compte de besoins urgents et importants, humains et fondamentaux, de ces peuples. Une inefficacité et une lenteur épouvantable du système unitaire, fait en sorte que les problèmes locaux dans les Provinces ou Entités de base, ne sont pas pris en compte, ou s'ils le sont, en tout cas, ils ne sont presque jamais résolus. De ce fait, les autorités locales manquent péniblement de moyens pour être vraiment créatives, rénovatrices et pour choisir l'axe de leur futur développement. Mais, et ceci est encore plus grave, le pouvoir central étant complètement aliéné de la réalité quotidienne des populations dans les Provinces et Entités de base, il y nomme souvent des personnes n'ayant ni connaissance ni maîtrise de ces réalités locales.

Les dimensions géographiques du Congo-Kinshasa, sont beaucoup trop grandes, un système centralisé ou décentralisé y est une bombe à retardement, c'est une tombe pour le peuple congolais. LE CONGO EST TROP GRAND POUR L'UNITARISME OU LA DECENTRALISATION. Le Congo-Kinshasa est plus grand que la France, l'Allemagne, l'Italie et la Grande-Bretagne ensemble. Réveillons-nous ! L'unitarisme dans un Congo sous tutelle, car étant encore et toujours un Grand Marché International Libre et Ouvert à l'exploitation, produit les choses suivantes :

Policiers, militaires, enseignants, magistrats, agents de la fonction publique, diplomates, personnel de santé, agents de la territoriale, etc. mal payés ou pas payés du tout,

Populations réduites à la mendicité ou à la corruption,

Tracasseries de toutes sortes à l'endroit des populations (rackets par douane, police, etc.),

Détournement systématique des fonds publics (voire même ceux de la Banque Nationale),

Manipulation des autorités politiques par des puissances étrangères, ou en d'autres mots des autorités politiques corrompues, inféodés aux pillards qui pillent les ressources naturelles des régions et du pays, donc des autorités politiques pratiquant la politique du ventre, et des autorités provinciales muselées par ces-mêmes politiciens corrompus,

Un pays tiré à hue et à dia par un nombre impressionnant d'Etats étrangers,

Crise économique et paupérisation des populations,

Droits et libertés les plus élémentaires bafoués,

Institutionnalisation du mensonge, de la corruption, et des magouilles,

Nomination de trop de personnes incompétentes et/ou malhonnêtes pour maintenir le système en place,

Arrestations arbitraires,

Incapacité de gérer des troubles, émeutes, rebellions, etc. dans les Provinces ou Entités de base éloignées de la capitale politique

Incapacité de gérer une armée nationale intègre opérationnelle et efficace sur toute l'étendue du territoire, afin de pouvoir maintenir ou imposer paix et stabilité, et pour éradiquer le statut de Grand Marché International Libre et Ouvert à l'exploitation maffieuse,

Conflits sociaux, ethniques, frontaliers, guerres civiles, et génocides,

Des formes de remise sous tutelle officieuses, totale ou partielle, de certaines parties d'autorité que les stratèges de la mondialisation considèrent comme utiles de garder... soit, en quelque sorte, une forme de recolonisation totale ou partielle. Le peuple est alors la proie d'une grande mêlée géopolitique,

La transgression de la loi financière et du règlement général de la comptabilité,

Des dépassements importants dans la consommation des crédits pour certains services pas du tout prioritaire pour le développement du pays,

Détérioration du tissu économico-social,

Un semblant de contrôle social des populations désœuvrées et démunies à travers les Églises de tous poils, chrétiennes, catholiques ou autres,

Toute une machination pour maintenir l'aveuglement et l'immaturité des populations congolaises qui ne fait que parle et qui accepte et supporte l'inacceptable et l'insupportable,

Un manque flagrant d'intérêt pour le peuple et le pays d'une classe politique qui ne fait qu'assurer le système, la majorité du peuple étant des laissés-pour-compte de cette classe politique insouciante à Kinshasa, égoïste et incapable de résoudre les grandes questions nationales telle que la pauvreté, etc. Amateurisme pur et simple, clientélisme, caractère inique des lois, corruption et triomphe de la pensée unique de ceux et celles qui tiennent à maintenir le Congo dans les griffes de la néo-colonisation Unitaire et/ou décentralisé, avec un Etat absent, incapable et éventuellement complice, le Congo demeurera un terrain idéal pour la prolifération des mafias de tous genres, tout ceci avec une classe politique incapable de poser un vrai débat de fond sur le futur du pays, les énergies étant concentrées plutôt sur le partage du pouvoir corrompu, etc.

Le Congo unitaire centralisé et/ou décentralisé a plongé le pays dans un tel gouffre, dans un état tellement lamentable, dans une telle désolation, que les congolais ont plutôt le cerveau dans le ventre, ceci à un tel point que beaucoup de congolais infantilisés vont même jusqu'à implorer le retour du maître blanc pour venir gérer leur pays, ils sont prêts à redonner leur pays aux blancs, ou en d'autres mots, à se refaire coloniser.

Confédéralisme versus Unitarisme et/ou Décentralisation

Le seul salut pour les populations du bassin du Congo, réside dans l'application du Confédéralisme. Le terme fédéralisme est dérivé du mot latin "foedus", ce qui veut dire "alliance", et il a été utilisé pour la première fois au 16ème siècle pour désigner des alliances d'États, ou en d'autres mots, pour désigner une Confédération d'États. Le Confédéralisme c'est par conséquent la diversité qui s'exprime dans l'unité, dans un grand principe de solidarité ayant comme socle l'impératif de l'aide mutuelle et la coopération. Chaque région y bénéficie d'une large autonomie/indépendance, comme c'est le cas, par exemple, de la Suisse, un tout petit pays européen bien portant, qui est une Confédération appelée Confédération Helvétique ; où les différents cantons (provinces) jouissent d'une large indépendance et sont à la fois unies et regroupées sous le chapeau de cette Confédération appelée Helvétique, ou simplement la Suisse. Ainsi, le Congo-Kinshasa, lui aussi, pourrait devenir une Confédération : chaque région y serait autonome et indépendante, avec ses propres présidents et gouvernements, toutes étant unies et regroupées sous la férule de la Confédération qui unirait toutes les régions du Congo et qui aurait à sa tête un Président de la Confédération.

La délimitation entre Confédération d'États et État fédéral est minime, on pourrait dire que deux critères qui peuvent réellement et clairement marquer la délimitation entre ces deux concepts :

- La Confédération est un regroupement qui n'est pas habilité à décréter des lois directement contraignantes pour les États membres.

- Les compétences de l'autorité centrale sont beaucoup plus restreintes dans la Confédération d'États que dans un État fédéral.

Le Confédéralisme, est la seule véritable garantie pour l'instauration d'un véritable Etat de droit au Congo, car l'application de ce système engendrerait automatiquement l'écoute de la volonté populaire dans les différentes régions, provinces et entités de base, ceci par le biais de référendum et autres mécanismes de consultation des populations. La créativité et l'efficacité augmenteraient sensiblement. Une confédération d'États assurerait alors une unité des peuples du bassin du Congo. Des expériences sociales, économiques et politiques pourraient alors se réaliser un peu partout selon les besoins des peuples locaux, ainsi les gouvernements nationaux, locaux, pourraient-ils se consacrer aux vrais problèmes. Dans une confédération pareille, les peuples sauvegardent leurs spécificités culturelles et l'économie se trouve ainsi fortement stimulée. Le dévouement et la participation à la vie politique et au développement sont beaucoup plus conséquents. Il n'y a plus cette passivité attentiste, où chacun attend tout de la capitale Kinshasa... en vain car rien n'en vient.

Le Confédéralisme, poussé le plus large possible, sera un facteur de paix sociale et de stabilité, éléments qui ont manqué si cruellement au bassin du Congo ces dernières années. En effet, le Confédéralisme sera garant des choses suivantes :

· *paix sociale et stabilité*

· *valeurs démocratiques, alternance et concurrence politique*

· *participation politique des populations*

· *responsabilisation des membres de chaque population*

· *stimulation de la créativité et de l'activité économique*

· *facilité de gestion administrative*

· *gestion "en bon père de famille" des ressources naturelles et financières sur chaque territoire*

· *meilleur contrôle du fonctionnement de l'État*

· *possibilité d'avoir au sein de l'État autonome une véritable comptabilité nationale, une tenue de statistiques nationales analytiques, un suivi des résultats, etc., bref une réelle efficacité et possibilité de prévoir un budget national ainsi que confédéral*

· *éradication de la corruption, instauration d'un véritable état de droits et libertés, prospérité, santé, développement, une Constitution qui ne floue pas les congolais et qui ne fait pas du Congo un territoire voué à l'exploitation par autrui, impossibilité d'encore avoir des dirigeants congolais misanthropes, inféodés, acquis à l'idéologie et la cause de néo-colonisateurs, donc fin de l'ingérence de l'étranger dans la gestion de nos états et l'état confédéral, etc.*

Le peuple congolais a le choix entre l'assujettissement éternel ou le Confédéralisme d'états, seule garantie pour une réelle indépendance et décolonisation.

Le peuple congolais est face à une grande responsabilité vis-à-vis de ses ancêtres, vis-à-vis de ses populations, vis-à-vis de l'Afrique entière, car la servitude ou l'assujettissement éternel et permanent du Congo à d'autres intérêts va freiner l'Afrique entière d'une façon durable. La solution africaine pour être réellement libres, indépendants, souverains, non-colonisés, existe, c'est une solution autonome, dont la mise en œuvre dépendra de la volonté et de l'intelligence des peuples du bassin du Congo, et cette solution c'est le Confédéralisme d'états... AMEN !

« La solution de la voie fédérale, contraindrait les belges à de grands efforts, à un profond changement de mentalité {...} je ne concevais pas qu'ils pussent négliger cette carte historique, conforme à leurs intérêts et aux nôtres {...} Leurs ambitions de garder le Congo centralisé et unitaire vouaient la Belgique à la défaite et le Congo à la ruine {...} La voie fédérale représentait la solution, l'inverse a précipité le Congo à la misère, l'anarchie et la guerre civile. Il ne nous a même pas délivré de l'étranger. Depuis 1960, les soldats de vingt nations sont campés chez nous. Certes, le Congo a cessé d'être Belge. Il fut tour à tour soviétique, irlandais, suédois, ghanéen, guinéen, tchèque et américain, etc. J'ai peine à voir là un progrès !» - Moïse Tshombe -

Le 11 juillet 1960, Moïse Tshombe, proclamait au Monde l'Indépendance du Katanga. Malgré l'acte posé, le Katanga n'avait pas abandonné l'espoir de négocier avec le reste du Congo en vue d'aboutir à un compromis : le Confédéralisme ou la Confédération. Cela démontre que l'indépendance du Katanga n'était quelque part qu'un moyen de pression en vue d'atteindre ce que la Confédération des Associations du Katanga (CONAKAT), n'avait pu obtenir lors de la Table ronde belgo-congolaise qui s'était tenue à Bruxelles du 20 janvier au 20 février 1960 dans le but de régler la transition du Congo vers son Indépendance, laquelle devait débuter le 30 juin 1960, et durant laquelle Tshombe (leader katangais/CONAKAT), Kasavubu (leader Bakongos/ABAKO) et Kalonji (leader Baluba-Kasaï), ont argumenté en faveur d'une constitution congolaise confédérale. Ce qui a été malheureusement rejeté par les belges. A ce moment-là, l'allié congolais pour les belges était Patrice Lumumba, qui partageait avec ces mêmes belges le concept d'un Congo unitaire et centralisé, avec comme capitale Léopoldville (Kinshasa). Kasavubu, leader de l'ABAKO (Association Bakongo), argumentait tout d'abord pour l'indépendance pour le Bakongo, puis ensuite pour une autonomie au sein de la voie confédérale, puis en faveur du simple fédéralisme, et sera même en janvier 1959 arrêté par les autorités coloniales belges en fonction de ses opinions. Tout comme Moïse Tshombe, Kasavubu était un nationaliste modéré donnant une grande importance à l'ethnie, vu qu'ils étaient tous deux issus d'ethnies ayant une grande tradition impériale (Royaume Kongo et Empire Lunda), mais les deux hommes n'ont pas réussi à imposer leur point de vue fort juste lors de la Table Ronde de Bruxelles, car les belges n'étaient pas en leur faveur, mais plutôt en faveur du concept défendu par Lumumba. Voilà la vérité. On ne peut être plus clair ! Ce n'est que plus tard que la relation entre le camp Occident/Belgique et Lumumba se dégradera, plus précisément, quand Lumumba leur tournera le dos en choisissant le camp soviétique/chinois de la gauche internationale en pleine guerre froide.

Cette volonté sera d'ailleurs reprise, plus tard, par Moïse Tshombe dans un discours marquant le deuxième anniversaire du Katanga Indépendant, le 11 juillet 1962 :

« ...cette lutte est profitable non seulement pour nous, mais encore pour nos frères du Congo. Le profit de ce que nous avons épargné, ils en bénéficieront un jour... ».

Donc, même après deux ans d'indépendance la porte restait toujours ouverte au Fédéralisme !

En Novembre 1961 l'Office Culturel et Économique du Katanga Indépendant publia à Bruxelles une brochure intitulée "Le Katanga Économique", à la page 34, on peut y lire : « A ce point de vue, dans la future Confédération des États du Congo, le Katanga est certainement privilégié car ses élevages représentent un capital valorisé à (...) ».

Ce qui démontre bien que le but poursuivi par Tshombe et les Autorités Katangaises a toujours été, du début jusqu'à la fin de la sécession katangaise, l'aboutissement du confédéralisme d'États au Congo. Trop de personnes ont oublié cela, alors que c'est un élément et un fait essentiel. Étant mis au courant de ceci ou tout simplement en ayant pris conscience, beaucoup de personnes expriment, concernant Moïse Tshombe, un reproche qu'elles formulent ainsi : « Oui mais, il est allé trop loin, il est allé jusqu'à frapper la monnaie katangaise, etc. ».

Or, Moïse Tshombe était un visionnaire, il savait que les autorités de la République du Congo ne seraient pas en mesure de faire les efforts nécessaires pour revenir à une bonne gestion financière de ce grand territoire, aussi a-t-il été obligé d'envisager des signes distinctifs pour le bien de la circulation monétaire propre au Katanga. Il savait qu'il y aurait une détérioration progressive de la monnaie congolaise, à cause d'un manque de vision juste de la part de certains responsables d'autres parties du Congo.

Et, effectivement, ce fut le cas, il y eut très vite une nette différence entre la circulation monétaire propre au Katanga et la circulation admise dans le reste de la République du Congo et ce fait amena à l'obligation de constater l'existence de deux monnaies nettement distinctes. L'une, celle du Katanga, conservait sa justification économique, tandis que l'autre, entérinait les erreurs financières dues aux manques de vision, de compétence et d'efficacité qui avaient cours à Léopoldville (Kinshasa), Moïse Tshombe a tout simplement voulu prémunir le Katanga d'erreurs.

C'est cette situation qui a entraîné l'opération de conversion monétaire, qui en réalité - grâce à la saine politique menée par le Gouvernement katangais - a consisté le plus généralement en un échange "franc pour franc" des unités anciennes contre les unités nouvelles, ce qui comportait donc quand même un risque important pour le Gouvernement katangais, risque qu'il a pris, car son souci primordial était de favoriser au maximum les structures économiques du pays et ce sur base des fonds dont les katangais pouvaient légitimement disposer par rapport aux avoirs qui étaient les leurs en juillet 1960 ; il était toutefois nécessaire de faire en sorte que cette conversion couvre bien le rapatriement au pair du produit des exportations réalisées dans les régions du reste du Congo par les firmes katangaises. Ainsi les entreprises disposèrent-elles de montants permettant que leurs situations financières fussent estimées comme considérablement favorables. Le souci d'un développement économique et social au profit du peuple avait toujours été un objectif principal dans la vision de gouvernance qu'avait Moïse Tshombe, car pour lui "l'homme, l'être humain" occupait la place centrale dans toutes ses préoccupations.

Autre fait intéressant par rapport à la monnaie katangaise, le Gouvernement du Katanga de Tshombe avait fondé dès le 06 août 1960 la Banque Nationale du Katanga dont le but consistait justement en la création d'une monnaie katangaise, ainsi qu'en l'exercice du contrôle de la circulation monétaire et autres fonctions bancaires... tandis qu'à Léopoldville (Kinshasa), capitale du Congo unitaire centralisé, jusqu'au début de 1961, le gouvernement ne disposait toujours pas d'une Banque Nationale propre et sa monnaie restait placée sous la tutelle du Conseil Monétaire installé par les Nations Unies ! Allez donc chercher là compétence, sérieux et efficacité... !

Il est également à noter que le 16 juillet 1960, 6 jours après la proclamation de l'indépendance du Katanga, les Grands Chefs et Chefs coutumiers du Katanga firent une déclaration commune dans laquelle ils proclamaient, sans réserve, leur approbation de l'indépendance du Katanga et de la vision politique de Moïse Tshombe (la Confédération d'États), ils invitaient tous les habitants du Katanga à faire confiance au Gouvernement Katangais. A l'occasion de cet acte important, il faut remarquer surtout le ralliement du Grand Chef Muluba, Boniface Kabongo Kaloa et celui du Chef Tshisenge, respectivement membres de la Balubakat et de l'Atcar, tous deux membres du Cartel Balubakat.

Pourquoi était-ce aussi important de souligner ce point-là ? Parce que - outre l'intervention armée des Nations Unies - de nombreux autres facteurs sont intervenus dans le processus amenant à la liquidation de la sécession katangaise. Il y a eu certes, la mort de Patrice Lumumba, la non-reconnaissance de droit de l'Indépendance du Katanga par les autres Nations du monde, la reprise des relations diplomatiques belgo-congolaises et la collaboration de la Belgique pour mettre fin à la sécession katangaise, la détermination des USA, également décidés à en finir avec cette sécession, mais eux pour d'autres raisons, et en plus il y a eu aussi une certaine opposition à l'intérieur même du Katanga, notamment l'opposition d'une partie des Balubas du Katanga, exacerbés par l'arrivée des casques bleus de l'ONU, lesquels avaient affaibli la position du Katanga car celui-ci ne pouvait pas lutter sur plusieurs fronts à la fois. Or, nous venons de voir que les chefs coutumiers de ces mêmes Balubas avaient déclaré leur soutien à Moïse Tshombe, sa politique avait donc reçu une légitimité de la part des Chefs Coutumiers. C'est fort important de le noter et même de le souligner.

Le Mwant Yav Nawej Ditend III, le grand chef et empereur Lunda, avait même déclaré, bien avant la sécession du Katanga, plus précisément au moment où le roi Baudouin des belges s'était adressé aux populations congolaises en affirmant la résolution de la Belgique à conduire les peuples du Congo-belge vers l'indépendance, ce qui suit : « Chaque peuple a sa base propre de civilisation. Celle du Congo est représentée par ses coutumes. C'est sur celles-ci que doivent s'ébaucher les futures institutions entreprises par le Gouvernement. On ne peut s'en écarter au risque de nuire à la paix. Le Congo est immense, tellement immense que son unité, pour satisfaire les intérêts de chaque région, ne peut se concevoir que sous un régime fédéral. »

En ce qui me concerne, c'est bien Moïse Tshombe, le confédéraliste, prônant déjà à cette époque-là le concept des États-Unis Confédérés du Bassin du Congo et un retour vers les frontières naturelles précoloniales, longtemps avant beaucoup d'autres, qui fut un visionnaire.

Essayez un peu d'imaginer les réalisations qu'aurait pu opérer, depuis 1960 jusqu'à aujourd'hui, une Confédération d'États congolaise, réalisée sur la base des principes et de la vision de Moïse Tshombe. Essayez seulement d'imaginer... tout ce qui aurait pu nous arriver, s'il avait existé, de 1960 à nos jours, une Confédération des États-Unis d'Afrique Centrale ou du Bassin du Congo, avec le Katanga comme bastion, comme socle et le principe du marché libre basé sur une gouvernance à l'africaine, tel que prôné par Tshombe en 1960 ...imaginez seulement !

Que serait devenu le Congo ? Que serait-il aujourd'hui ? Que serait devenu le Katanga ? Très probablement un pays très affirmant riche, profitant en paix de sa prospérité, car il serait depuis bien des lustres à l'abri du néocolonialisme. Et peut-être même que ces fameux États-Unis d'Afrique, confédérant dans ce continent de nombreux États, seraient déjà une réalité. Si c'était le cas, le Katanga serait certainement l'État le plus riche et le plus développé de l'Afrique, voire un des pays les plus riches et les plus prospères de la Terre, entraînant dans son sillon toute la Confédération.

Reprenons ci-après un extrait de la causerie faite par le Président Moïse Tshombe à la "Chambre des Lords", à Londres, le 08 avril 1964, alors que lui-même était en exil à l'étranger ; apprécions l'extrait de ce discours qui démontre très bien la clairvoyance qu'avait ce grand homme politique. J'estime qu'il est le meilleur des hommes politiques que le Congo ait jamais connus, dans ce discours Moïse Tshombe nous offre une fois de plus sa réflexion sur la nécessité pour le Congo de fonctionner sous le Fédéralisme, ce qui est tout à fait logique, car le Congo, qui fait, comme déjà dit, presque toute l'Europe centrale en un seul pays, est une entité ingouvernable, invivable, sauf à être organisée selon la voie fédérale; alors goûtons... sans modération la clairvoyance de Moïse Tshombe :

« [...] C'est dans cet esprit respectueux de la structure intime de notre personnalité individuelle ainsi que des particularités du génie collectif de nos populations que nous abordâmes le problème de la forme de notre Indépendance et celui des institutions politiques qui devaient la concrétiser. Sur ce terrain délicat s'opposèrent alors deux tendances dont l'une nous venait de l'étranger et l'autre répondait aux aspirations de notre âme et de notre sensibilité. L'une représentait l'aboutissement de l'évolution politique des États les plus avancés, dont l'unité s'est forgée au cours de nombreux siècles, l'autre ménageait les étapes et se réclamait des formes de gouvernement les plus en honneur chez de grandes nations jeunes, comme la nôtre, je veux parler de la forme fédérale adoptée par nombre de pays d'Amérique.

Toutes ces Républiques, occupant de vastes territoires, qui sont issues d'une aspiration commune de leurs populations à se constituer en nations indépendantes, n'en ont cependant pas oublié, pour autant, le caractère particulier de leurs groupements régionaux souvent éloignés les uns des autres par des distances géographiques considérables.

C'est qu'il était apparu très tôt que les diversités et l'éloignement même de ces groupements régionaux rendent malaisé l'exercice d'une autorité centrale aux attributions trop poussées. Dans de tels pays dont le caractère unitaire ne se formera que progressivement, une action locale trop étendue du pouvoir central ne peut, en dernière analyse, que compter sur la force pour réduire les particularismes ou, en cas de faiblesse au sommet, une crise majeure au centre nerveux le plus élevé, risque de provoquer l'éclatement de l'ensemble.

C'est ce que, sagement, évitent les constitutions fédérales, en réservant au Gouvernement Central quelques matières d'intérêt commun par leur nature même, tout en laissant aux pouvoirs locaux la conduite de leurs affaires propres et cela, dans la plus large mesure, compatible avec les impératifs du bien commun.

Dans le cas du Congo, l'inadaptation de la Loi Fondamentale, œuvre du Parlement belge, se manifesta dès les premiers jours de l'Indépendance. Le pouvoir central fit en outre preuve de tant d'incohérence et d'impuissance que le chaos s'installa très rapidement à l'échelle d'un pays vaste comme plusieurs grands pays d'Europe et habité par des populations aussi différentes au sein de la même race humaine, que peuvent l'être les Nordiques et les Méridionaux.

La crise majeure qui secoua tout entière la jeune République faisait la preuve, dans la souffrance, de la nécessité de donner aux pouvoirs locaux une autorité leur conférant la capacité de circonscrire les effets d'un désastre menaçant l'ensemble du pays.

Il apparaissait ainsi que pouvait se généraliser ce qui n'était que les conséquences dangereuses, mais localisées à leur début, du fonctionnement défectueux d'un gouvernement national, sans relation avec les réalités locales si différentes les unes des autres.

De l'alternative :

- Dictature d'un gouvernement central obligé de se constituer en gouvernement autoritaire pour dominer tant de particularismes sur un territoire aussi étendu... ou,

- Faiblesse de ce gouvernement entraînant dans sa chute, à l'occasion d'une crise locale, une République trop centralisée, ce fut la seconde hypothèse qui se réalisa sans que put jouer le secours d'un pouvoir local autonome pour arrêter la progression du mal.

Personne n'ignore les principes qui devaient finalement l'emporter à Kolwezi (au Katanga), le 14 janvier 1963, dans la proclamation du plan U'Thant qui mettait un terme aux combats dont l'enjeu était la forme fédérale du gouvernement.

Sous l'égide des Nations-Unies qui, dès leur intervention au Congo, avaient reconnu que les problèmes tenaient essentiellement à un conflit interne d'ordre constitutionnel, un acte, dont l'exécution était garantie par la Grande-Bretagne, les l'États-Unis d'Amérique et la Belgique, était signé par les parties en présence.

Cet acte, solennellement proclamé, reste pour tous les Congolais conscients des nécessités de l'avenir du Congo, la base de la Réconciliation Nationale à laquelle je suis, personnellement, profondément attaché.

Essentiellement, ce Plan prévoit que le Gouvernement Central s'oblige à déposer devant le Parlement et à appuyer devant lui, un projet de constitution visant à l'établissement d'un Gouvernement Fédéral pour le Congo, avec répartition adéquate des pouvoirs entre autorité centrale et autorités locales. [...] Il est de mon devoir, devant votre honorable Assemblée, de revenir sur la garantie que la Grande-Bretagne, les États-Unis d'Amérique et la Belgique donnèrent à l'exécution du plan U'Thant.

C'est en considération de ce gage solennellement donné par les représentants qualifiés de ces trois grands peuples libres que, responsable des destinées du Katanga et conscient des nécessités du bien commun à toute la nation congolaise, j'ai donné mon adhésion aux principes contenus dans ce Plan.

[...] Sans la mise en œuvre de cette garantie (de ce Plan), les promesses d'un avenir harmonieux pour le Congo tout entier ...seraient mises à néant. (...) » - Moïse Kapend Tshombe -

Eh oui ! Moïse Tshombe avait, selon moi et comme je me plais à le répéter, la vision juste des choses. C'était l'homme qui voyait clair. Moïse Tshombe n'était pas contre l'unité du Congo, il était pour un Congo uni certes, mais dans le confédéralisme... se fractionnant en entités indépendantes plus petites, viables et gérables, pour être ensuite mieux unis : « ...Nous avons, le désir et la volonté de travailler tous à l'unisson pour faire du Congo indépendant un pays prospère et uni... Nous sommes les défenseurs de la Confédération du Congo et préconisons une autonomie, non pas exclusive ni absolue de nos provinces, mais une autonomie bien étudiée pour les domaines dans lesquels elle s'impose... » - Moïse Tshombe -

Citons encore Moïse Tshombe, lorsqu'il était en exil à l'étranger, dans un droit de réponse adressé au journal "New Statesman", pour un article paru le 13 décembre 1963 (donc bien après la fin de la sécession katangaise) : « ...j'avais pensé, qu'une fois pour toutes, vous aviez compris qu'elle était ma position et que vous connaissiez mon désir sincère de travailler avec les autorités du gouvernement central. Mais il me semble que je me suis trompé. En conséquence, je répéterai à nouveau ce que j'ai déclaré en maintes occasions, officiellement et en privé, sans aucune réserve, sans détour et sans subterfuge. La sécession du Katanga n'existe pas et n'a jamais été autre chose qu'un mythe. Je retournerai dans mon pays dès que je le pourrai, car mon peuple a besoin de moi et me demande. Ma présence au Congo, sera une source d'unification, car ma personne représente la garantie d'une union véritable. Tout le monde sait cela, mais tout le monde n'est pas toujours prêt à le reconnaître. Certaines personnes ont peur de ma popularité qui est grande dans tout le Congo. C'est là que l'on doit chercher l'explication des attaques qui sont faites constamment contre moi, au détriment de tous sentiments de réconciliation nationale. » - Moïse Tshombe -

Moïse Tshombe dit encore une fois ci-dessus, que le réel but poursuivi par lui était l'aboutissement à une Confédération d'États Indépendants, et non pas l'isolement complet du Katanga. C'était un homme politique qui sortait de l'ordinaire, cet homme était porteur d'un espoir immense pour la collectivité. Il est du devoir de toutes les personnes qui ont aujourd'hui compris que le fédéralisme est la meilleure solution pour résoudre la crise du Congo, quel que soit l'ethnie et/ou la couleur de peau de ces personnes, il est de leur devoir, dis-je, de revendiquer le droit à un débat pour la réhabilitation complète de Mr. Moïse Tshombe. Si des personnes comme Kasavubu, Lumumba, Maman Antoinette Mobutu, Mzee Laurent Désiré Kabila, Etienne Tshisekedi, etc. sont reconnues comme "héros nationaux" du Congo-Kinshasa… que leurs fans veuillent bien m'excuser, mais Mr. Moïse Tshombe, pour sa part, le mérite très certainement tout autant.

Dans l'opinion publique, la sécession du Katanga a pratiquement toujours été présentée comme une réaction d'égoïsme dictée par le grand capital. Le journaliste Jean van der Dussen de Kestergat (J.K.), dans le quotidien La Libre Belgique, était un des rares à prendre une attitude plus ouverte et correcte quand il expliquait les situations, c'était un des rares journalistes qui informait réellement sur le sujet de la sécession katangaise, tandis que la grande majorité des autres journalistes, s'efforçaient de faire passer des opinions personnelles, plutôt hostiles à Tshombe et qui plus est erronées ! Quant à la R.T.B.F. (Radiotélévision Belge Francophone), c'était le fief des spécialistes des interviews pièges à l'égard des leaders katangais, avec comme maître dans ce vil art de désinformer subtilement, Mr. De Vos et Mr. Goulard.

Notons au passage qu'en décembre 1957 - donc avant que n'arrive l'Indépendance du Congo - l'Administration coloniale belge, fit rédiger par le docteur en Droit Van Bilsen, professeur à l'Institut pour les territoires d'Outre-Mer à Anvers, un Plan de trente ans relatif à l'émancipation politique de la colonie ; ce plan prévoyait la formation d'élites autochtones susceptibles d'assumer la direction du pays… pour une durée prévisible de trente ans ! Mais, ce plan, ni aucun des nombreux manifestes qu'il engendra, ne contenait de référence aux questions ethniques, aux questions des chefferies traditionnelles… grave et grosse erreur.

Et combien de fois encore les belges confondront-ils, dans leur politique, Léopoldville (Kinshasa) avec tout le Congo, aveuglés qu'ils étaient par un centralisme forcené, dont les conséquences sont épouvantables sur le terrain… le Katanga ce n'est pas Kinshasa et Kisangani non plus, vivent là des peuples complètement différents, ils ont des sensibilités totalement spécifiques. Un habitant de Lubumbashi (capitale du Katanga) qui va pour la première fois à Kinshasa, ne s'y retrouve pas du tout, il n'y trouve pas de repères, c'est comme s'il avait atterri chez un peuple tout autre, complètement différent du sien, avec des comportements et des modes de pensées totalement dissemblables.

Ceux parmi les Belges qui étaient, comme et avec Lumumba, des "champions" de la cause unitaire, criant haut et fort : « Congo uni, pays fort !» ont eu tort. De nos jours, il n'y a pas d'unité politique véritable en République Démocratique du Congo, le pays n'est pas fort et maintenant... plus aucun peuple ne veut d'une dictature de fer - telle celle de Mobutu, créant une illusion d'unité et de force - les gens veulent que leurs terres soient "gérées en bon père de famille" par des personnes de chez eux, de la région-même, de la propre ethnie. Comment Kinshasa peut-il gérer le Katanga ou Kisangani? D'ailleurs, comment Paris pourrait-il gérer Moscou, ou comment Moscou pourrait-il gérer Paris, ces deux métropoles étant inclus dans un même et unique pays, à l'intérieur d'un État centralisé ? C'est mission quasi impossible avant plusieurs siècles ! Devant de tels faits, les européens appliqueraient très vite chez eux le concept du confédéralisme pour rendre cette immense espace gérable. Pourquoi alors, s'est-on opposer à l'instauration de ce concept en République Démocratique du Congo ? Bonne question n'est-ce pas !

Que cela plaise ou non, il faut avouer que la conscience ethnique pèse en Afrique beaucoup plus lourd qu'une éventuelle conscience nationale en faveur d'un pays artificiel, créé par le colonisateur lors de la Conférence de Berlin de 1884 -1885. L'Africain fait avant tout partie de son clan, puis de son ethnie, ce n'est éventuellement qu'après qu'on peut essayer de l'amener à la notion d'une "Nation" où vivraient ensemble plusieurs ethnies... mais personne ne peut ignorer l'entité ethnique en Afrique, car c'est elle qui constituait la véritable idée de "Nation" avant l'ère de la colonisation; il ne s'agit pas ici de promouvoir le "tribalisme", pas du tout, il s'agit seulement de comprendre que l'individu ne pourra échapper à la notion d'ethnie en faveur de celle de "Nation", que si il arrive à trouver pour lui, dans cette Nation-État des cadres bien précis, une place bien précise, etc.; or au Congo-Kinshasa (comme ailleurs en Afrique) chaque tentative dans ce sens s'est soldée par un échec complet... mais alors vraiment, ce qui s'appelle un "échec total"... à 100%.

C'est logique, car, en Afrique, c'est un objectif inatteignable ; dans chacun de ces pays artificiels ne disposant d'aucune véritable légitimité nationale ancestrale envers les ethnies composantes dudit état artificiel, seule l'ethnie veille et défend véritablement les individus, non seulement sur le plan physique, mais également sur le plan moral et culturel. Après Moïse Tshombe, le Congo n'a connu qu'un semblant de vie politique, durant lequel le congolais s'est toujours senti désemparé ; le seul renouveau que le congolais, loin de la capitale politique, Kinshasa, ait pu connaître se situe au niveau de l'ethnie, au niveau du pouvoir traditionnel qui s'y exerce. Car, l'état - disons l'appareil d'État - étant absent depuis de nombreuses décennies dans différentes régions du Congo... il est intéressant de voir par qui a été remplacé depuis le début de ces nombreuses années l'État qui devait, en principe, y régler les litiges entre particuliers, entre paysans, etc. ? Réponse incontournable : les "Chefs Coutumiers."

Arriver à faire vivre les diverses ethnies, non pas côte à côte dans le cadre d'un même État centralisé, mais les amener à travailler ensemble pour former une "véritable" nation, c'est "mission quasi impossible", car la question de "légitimité nationale" se posera toujours dans un pays artificiel, fruit de la colonisation ; rappelons-nous qu'il y avait jadis, entre les frontières de cet immense pays, - mais ceci avant l'ère de la colonisation - des "légitimités" bien précises... et qu'elles fonctionnaient très bien, elles se nommaient alors: "Royaumes", "Empires", "Sultanats", etc. On ne peut que reconnaître et accepter cette réalité, mais comment pourrait-on réellement reconnaître le fait ethnique en lui-même ? C'est très simple : en le reconnaissant constitutionnellement. Et la reconnaissance pure et simple de ce fait signifierait... purement et simplement, celle du Confédéralisme... Eh Oui ! Alors : rebonjour Moïse Tshombe. Cette façon de procéder constitue la seule formule possible permettant de reconnaître autant les ethnies que les anciennes "légitimités" d'avant l'ère de la colonisation et de les faire œuvrer côte à côte, au sein d'un grand État (con)fédéral, donc une vraie grande Nation.

Comme le disait à juste titre Léopold Sédar Senghor : "Un État en Afrique n'existe qu'au moment où, toutes les populations ont "une même foi tendue vers un même but". Or, dans l'actuelle République Démocratique du Congo (R.D.C.), cette foi tendue vers un même but - celui de vivre dans un réel État - n'existe pas et ne peut pas exister tant que persistera la structure politique que connaît actuellement la R.D.C. Aujourd'hui la R.D.C. n'est qu'un semblant d'État, propice au pillage et à la corruption à grande échelle... bien triste constat !

Mr. Smith Hempstone, ex-Ambassadeur U.S. au Kenya, ancien correspondant africain pour le "Chicago Daily News" et éditeur du "Washington Times", avait rencontré Moïse Tshombe peu de temps après la Table Ronde de Bruxelles en janvier-février 1960, au Katanga, sur la terrasse de l'Hôtel Elisabeth, a déclaré que Moïse Tshombe lui avait, entre autres, à cette occasion, dit : « je suis très impressionné par le système fédéral de gouvernance appliqué aux Etats-Unis d'Amériques. Si une forme unitaire de gouvernance sera imposée au Congolais, le Congo va mourir petit à petit ».

Il avait raison ! C'est exactement ce qui est arrivé au Congo et les Congolais.

La Belgique - elle est, on l'a dit, quatre-vingt-huit fois plus petite que le Congo - applique sur son minuscule territoire la solution du fédéralisme, afin de pouvoir rendre son pays gérable, en tenant compte des deux communautés ou deux ethnies qui occupent son territoire, à savoir "les flamands" d'une part et "les wallons" de l'autre. La voie du fédéralisme a été pour la Belgique le seul outil utilisable, la seule structure politique réalisable afin que ce pays soit viable et que ses trois communautés ou ethnies puissent vivre côte à côte et travailler ensemble pour une gouvernance raisonnable de leur "Nation". Alors que - cela saute aux yeux de tous - la Belgique n'a affaire en tout et pour tout qu'à trois communautés ou ethnies dont les différences ne sont que linguistiques et culturelles.

Au Congo, les communautés linguistiques et culturelles se chiffrent par centaines. En toute logique des choses, s'il y a un pays où la voie confédérale est indiscutablement à mettre en application, c'est bien au Congo. Notons au passage qu'avant l'adoption de la voie fédérale en Belgique, ceux qui militaient ouvertement pour ce fédéralisme furent, au début, traités de personnes inciviques, alors que de nos jours le fédéralisme y est tout à fait normal. D'ailleurs, aujourd'hui, dans certains couloirs de la presse et certains couloirs politiques, on commence déjà à dire tout bas que la Belgique se dirige tout droit vers une Confédération d'états, composée de deux états, un état flamand et un état wallon, avec une monarchie ayant son siège au niveau confédéral. Et, ceux qui disent cela aujourd'hui, sont bien évidemment traités d'inciviques, alors que cela sera quelque chose de tout à fait normal et admis dans probablement peu de temps !

Dans l'opinion publique belge, la sécession katangaise a été très souvent présentée comme un acte égoïste dicté par le grand capital impérialiste, ce qui était faux.

Et, je ne voudrais pas priver les lecteurs de la déclaration inédite de Tshombe, du 06 septembre 1960, au sujet du Confédéralisme d'Etat, déclaration faite au moment de la rupture Kasavubu/Lumumba. Cette déclaration de solidarité financière et politique avec Kasavubu et Iléo, fut transmise à Bruxelles par télex le 06 /09/1960, mais n'est jamais parvenue plus tard à ses véritables destinataires à Léopoldville (Kinshasa), Bruxelles ayant gardé le Télex pour soi : « Dans la constitution que le Katanga s'est donnée et qui a été votée par notre Assemblée le 4 août, il est dit, à l'article premier : "L'Etat du Katanga adhère au principe de l'association avec d'autres contrées de l'ancien Congo belge, pourvu qu'elles soient elles-mêmes organisées politiquement dans le respect de l'ordre et du droit. Il ouvrira des négociations pour constituer avec elles une confédération fondée sur l'égalité des partenaires." Le temps me semble être venu de préciser la ligne politique que je me suis tracée. Comme vous le savez, dès le mois de janvier 1960, à la Table Ronde politique à Bruxelles, j'ai été un défenseur acharné d'une confédération groupant les territoires formant le Congo belge. Cette formule seule permettait aux particularismes locaux de trouver leur réelle expression tout en sauvegardant l'unité d'un ensemble qui devait faire, du Congo, une des puissances majeures de l'Afrique. Malheureusement, malgré les fractions qui m'appuyèrent, notamment les présidents Kasavubu, Iléo, Albert Kalonji, une formule fortement centralisatrice avait été adoptée et artificiellement imposée, à la suite de la pression des ministres belges. Je n'ai pas à revenir sur l'échec de la loi fondamentale, les événements que nous vivons ont prouvé, d'une manière sanglante, qu'elle ne répondait pas aux aspirations fondamentales et légitimes des populations congolaises.

Dès les événements du mois de juillet, j'ai dû, pour être fidèle à cette politique que je m'étais fixée et au programme sur lequel j'avais été élu, refuser, en accord avec la population katangaise, de collaborer avec un régime qui instaurait une dictature égoïste et néfaste, appuyée par le communisme international. Et je me suis désolidarisé de ce régime détestable qui apportait la honte à l'Afrique toute entière, en proclamant l'indépendance du Katanga, dans l'espoir d'aboutir un jour à une confédération des contrées de l'ancien Congo.

Peut-être me demanderez-vous ce que j'entends par confédération.

C'est un régime, qui tout en respectant l'indépendance des Etats membres, appelle... (9 lignes illisibles) aux pouvoirs qui lui sont expressément attribués, à l'exclusion de tout autre. L'exemple des USA et de la Suisse prouve sur le plan des faits qu'un système pareil permet le développement harmonieux des diversités et des intérêts particuliers à chaque région. Nous nous inspirerons de ces exemples pour trouver des solutions originales adaptées aux exigences locales, pour que, comme nous le souhaitons tous, cette confédération puisse avoir la place qui lui revient en Afrique.

Il est essentiel que certaines compétences soient exercées pour le bien de tous, par le pouvoir central. Je pense immédiatement à la direction des Affaires étrangères, de l'armée confédérale, des communications, de certaines institutions scientifiques, etc.

Il faut, également, que le gouvernement central dispose d'un budget pour mener à bien les tâches qui lui sont dévolues. Pour alimenter ce budget, la solution ne serait-elle pas pour chaque Etat membre d'y contribuer par une quote-part proportionnelle à ses ressources ? Je pèse, en prononçant ses mots, toute la portée de pareille proposition. Elle montre clairement que le Katanga ne pratique pas une politique égoïste et qu'au contraire, il est prêt à participer à l'œuvre commune. Peu importe si les montants diffèrent, il suffit que chaque citoyen fasse un effort similaire dans des buts d'intérêt commun.

Je ne voudrais pas développer en ce moment plus longuement les vues sur ces questions. En effet, nous avons eu trop à nous plaindre, précédemment, pour vouloir imposer une solution. Il est indispensable que tous ceux qui partagent ces vues de manière générale se réunissent et acceptent, le plus tôt possible, le principe d'une conférence qui se réunirait pour rechercher, en commun, dans la sérénité et l'harmonie, les règles constitutionnelles d'un régime librement choisi, qui s'adapterait enfin aux aspirations légitimes des peuples congolais. J'ai la conviction profonde que cette politique permet, seule, de mettre fin, et immédiatement, aux dramatiques différends qui séparent tant d'ethnies.

Je rejoins en cela les résolutions de la dernière conférence panafricaine de Léopoldville, où les Etats indépendants d'Afrique, ont émis le souhait de voir se fondre pacifiquement, dans une fraternité retrouvée, les oppositions actuelles.

J'ai toujours eu l'ambition de faire régner l'union et la paix, que ce soit au sein de chaque Etat, ou entre les Etats. J'appelle de tous mes vœux, la fin des conflits qui opposent certains de nos frères.

Au moment où l'Afrique acquiert, sur le plan international, la place qui lui revient, les Etats africains ne peuvent pas se permettre de laisser croire au monde que notre continent pourrait rester encore déchiré par des luttes tribales.

Les Etats africains qui nous ont précédés dans la voie de l'Indépendance, ont le devoir de contribuer à cette œuvre. C'est pourquoi j'adresse à leurs chefs un message, qui résume les propositions que je viens de vous exposer. Le Katanga, seul Etat congolais où règne l'ordre et la justice, se doit également de contribuer puissamment à l'effort que les peuples congolais ont entrepris pour se donner des structures politiques, originales et africaines, qui leur conviennent {...} Je suis fier d'avoir été choisi par les Katangais comme chef de l'Etat africain modèle ». - Moïse Tshombe -

C'est le 22 juillet 1960 dans la salle de la Présidence, que lors d'une Conférence de presse, que Moise Tshombe communiqua son intention de réunir tous les représentants de toutes les provinces de l'ancien Congo belge en vue d'aboutir à la création d'une Confédération d'Etat, et qu'il disait « Nous pourrions, Messieurs, dénommer cette Union la Confédération des Etats-Unis du Bassin du Congo ».

Déjà à l'époque, Mr. Pétillon, ancien gouverneur général du Congo belge et du Rwanda-Urundi, devenu Ministre des Colonies, disait : « Le Congo n'est plus à la mesure d'un seul homme ». Mr. CORNELIS, lui aussi, Gouverneur général, s'était exprimé dans le même sens : « Le Congo est trop grand pour être administré sainement d'un point quelconque de son territoire. Ses problèmes économiques et politiques sont trop vastes et trop différents pour recevoir une solution unique ».

Les accomplissements durant le Katanga indépendant

« Depuis des millénaires et sur tous les continents, on a beaucoup discuté et écrit sur l'art de gouverner. On adopte une position différente selon que l'on est au pouvoir ou en exil, savant, philosophe, homme du peuple ou notable... Pourtant, je pense qu'il y a une définition fort simple sur laquelle le monde peut tomber d'accord. L'art de gouverner est, avant tout, l'art d'assurer le bonheur du peuple »

- Moïse Kapend Tshombe -

Du 11 juillet 1960 au 13 janvier 1963, Moïse Tshombe et le Katanga indépendant avaient fait des prouesses extraordinaires, car affranchie du joug de Léopoldville (Kinshasa) et sa vision myope des choses, le Katanga prospérait comme jamais auparavant, malgré que son indépendance ne fut pas reconnue, ni de fait ni de droit, par la communauté internationale.

Un des meilleurs exemples à ce sujet est celui de l'Office National de Sécurité Social créé au Katanga (O.N.S.S). Dès le 26 octobre 1960, donc à peine quelques mois après la déclaration d'indépendance, le gouvernement katangais décida de constituer un Fonds provisoire de Sécurité Social, et en 1962 parallèlement à la mise en place d'une importante législation sociale, un Institut National de Sécurité Social avait été fondé avec, pour but, de recueillir des cotisations versées par les employeurs et les travailleurs du Katanga. Cet organisme fut doté d'une personnalité juridique propre et fonctionnait à merveille, mais dès la fin de la sécession katangaise un simple trait de plume à Léopoldville mit fin à cette heureuse entreprise, et la vie économique et sociale au Katanga prit immédiatement un coup terrible, car Léopoldville décida de diviser cet organe en trois provinces, mais mal géré par Léopoldville tout tomba en déconfiture totale. Plus tard, des experts venus des quatre coins du monde sous l'égide de l'ONU, ont tenté pendant des années, à Léopoldville, de mettre en place un régime de sécurité sociale. Nos fameux arbitres de l'ONU ont ainsi seulement réussi à établir des brillants rapports théoriques, ont émis des propositions de tous genres, et sont à chaque fois retournés chez eux sans que quoi que ce soit de concret ne soit réalisé au Congo centralisé. Paroles sur paroles, mais rien de concret, que de la vanité.

Voici une énumération de tout ce que le Katanga avait réussi à mettre en place, sous la bonne gouvernance de Moïse Tshombe, et ceci en tenant compte du fait de son isolement politique au niveau mondial et le fait que le Katanga fut en guerre et en conflit avec l'ONU... cette liste non-exhaustive est plus qu'impressionnante :

- La fondation le 6 août 1960 de la Banque Nationale du Katanga et la création d'une monnaie katangaise, à un moment où Léopoldville ne disposait toujours pas de sa propre Banque Nationale, pendant que sa monnaie était placée sous la tutelle du Conseil Monétaire installé par les Nations-Unies

- La création d'une caisse de compensation de transport

- La création d'une caisse de commercialisation des produits agricoles

- La création d'une caisse d'aide aux planteurs de café

- La création des caisses d'aide aux pêcheurs et éleveurs

- La relance de la commercialisation du poisson

- La mise en régie de l'exploitation cotonnière

- La mise en œuvre d'une caisse de coopération agricole

- La mise en œuvre d'un Office National de Sécurité Social

- L'ouverture de chantiers d'engins mécaniques

- Des prêts et aides du gouvernement aux cultivateurs producteurs de vivres

- De l'aide financière substantielle du gouvernement aux fermiers katangais désirant reprendre à leur compte la gestion de fermes abandonnées

- Un système d'évaluations des produits à des prix raisonnables en établissant des échelles de compensation entre les producteurs éloignés et les producteurs rapprochés

- Le développement des voies d'évacuation pour permettre aux régions excentrées de mieux participer à la vie économique

- Des aides gouvernementales pour l'industrialisation de l'agriculture

- Un plan d'action gouvernemental visant à l'accroissement de la productivité des régions rurales par la modernisation de l'outillage mis à la disposition des cultivateurs

- Une recherche scientifique agricole avec l'INÉAFAIT (Institut National pour l'Étude Agronomique au Katanga), le 22 décembre 1960, par l'Ordonnance N°550/244

- La fondation le 18 juillet 1961 de l'Institut des Parcs Nationaux et des Réserves Naturelles du Katanga

- L'Office de Coopération sociale du Katanga (Ordonnance-Loi du mois d'août 1962) qui se chargeait de promouvoir le développement agricole des régions, il fut composé d'une pré-coopérative de commercialisation des produits agricoles et de consommation doublée d'un centre de développement de la production agricole. La pré-coopérative s'occupait de l'achat des produits agricoles chez les producteurs par l'intermédiaire du centre de développement, ainsi que de la commercialisation et de l'écoulement de ces produits.

- Un plan d'action visant la modernisation de l'outillage à la disposition des cultivateurs, dès le 5 octobre 1960 par l'Arrêté N°550/171)

- La Société de Crédit aux Classes Moyennes

- La construction de pavillons d'hospitalisation

- La construction d'écoles pour moniteurs

- La construction d'écoles primaires et secondaires

- La construction d'écoles professionnelles

- Des travaux de voirie et d'asphaltage

- La canalisation des eaux résiduaires et des eaux de pluies

- Le développement d'un programme de construction d'habitations en matériaux durables dans les campagnes

- La création de points d'eaux dans les campagnes

- Le regroupement de villages le long des routes

- La mise en œuvre d'un fonds d'emprunts qui accorde des prêts tant aux chefferies qu'aux particuliers. L'argent est prêté aux chefferies pour une durée de 8 ans. Le remboursement commence à partir de la deuxième année. Les prêts ont pour objet l'achat par la chefferie de matériaux durables, d'outils, de barques et de filets de pêches, de gros bétail. Les prêts aux particuliers se font par l'intermédiaire des chefferies ; le bénéficiaire du prêt est donc responsable vis-à-vis de la chefferie (en novembre 1961,

un total de 2.993 prêts avaient été accordés de cette façon)

- La construction d'un Office vaccinogène à Elisabethville

- Des extensions de garages publics à Elisabethville, Jadotville et Kolwezi

- La construction d'une école secondaire avec internat à Sandoa

- L'Institut Technique Supérieur d'Etudes Sociales le 9 novembre 1960. (Ordonnance N°224/204), pour la formation d'assistants sociaux

- Une école d'assistants médicaux le 16 novembre 1960 (Arrêté N°700/702)

- Etc. (la liste de toutes les réalisations est interminable)

Le Katanga et Moïse Tshombe réalisèrent tout ceci en deux ans de temps, pendant qu'ils devaient, de surcroît, soutenir une lutte armée contre les forces des Nations-Unies... Tout ceci, bien que le Katanga ne soit, ni de droit et ni de fait, reconnu par aucun autre état au monde comme étant souverain et constitutionnel.

Hélas, depuis janvier 1963, tout ce qui a été cité ci-dessus s'est trouvé abandonné et le demeure jusqu'aujourd'hui. Tous ces beaux programmes ont été détruits et abandonnés.

Laissons Moïse Tshombe s'exprimer lui-même à ce sujet :

« Sur les hauts plateaux de mon pays, le vent se lève et filera, éperdu, entre les herbes sèches. Après l'ivresse de la saison des pluies, les feux allumés pour les longues veillées où l'on écoute les sages... Ce calme, cette sagesse, cette sérénité que j'appelais avec ferveur sur mon peuple, semblent avoir déserté, sans esprit de retour, disent les uns, momentanément, j'en suis convaincu, mon pauvre pays... Les hommes ont-ils tant de difficultés à percevoir les leçons qui se dégagent du rythme de nos saisons ? Du 11 juillet 1960 au 13 janvier 1963... à peine trois années ont suffi pour consacrer la faillite des espérances que l'Indépendance du Katanga avait légitimement suscitées dans la population katangaise... L'intérieur du pays se replie lentement dans un sinistre torpeur... Il lui reste tout juste son manioc pour assouvir sa faim et son tam-tam nostalgique pour rythmer son désespoir... Sous peine de voir définitivement sombrer le Congo dans son ensemble dans le chaos et d'encourir les reproches des générations futures, les leaders congolais ne pourront se soustraire au fait que le Fédéralisme est la seule issue salutaire pour ce monstre afin qu'il ne rentre pas dans une lente phase de décomposition » - Moïse Kapend Tshombe -

Et concluons ce chapitre en laissant un peu parler la brochure "Le Katanga Économique" de l'Office Culturel et Économique du Katanga, Bruxelles, Novembre 1961, qui reprend en sa page 61 un extrait d'un discours de Moïse Tshombe :

« Là où les autres provinces de l'ex-Congo Belge ont sombré dans le chaos, le Katanga s'est relevé immédiatement, et continue à construire au lieu de détruire. Il le doit à la politique saine, menée par son Gouvernement autonome, qui est avant tout réaliste [...] dans un état multiracial où cependant les intérêts des autochtones ont la priorité et où l'africanisation des cadres est stimulée par tous les moyens. Réaliste, il a compris que la base du progrès, c'est avant tout le travail. On a parlé et on parle beaucoup des richesses minières du Katanga [...] ces richesses sont réelles. Ce patrimoine n'est valable que pour autant il soit exploité, qu'il soit valorisé par le travail de ses habitants. Le Gouvernement stimule ce travail et le protège en maintenant les conditions de sécurité qui permettent son épanouissement.

Les autres contrées du Congo ex-Belge, elles aussi, disposent de richesses naturelles immenses, offrant des perspectives nombreuses et multiples. Leurs dirigeants cependant, au lieu de suivre l'exemple katangais, gaspillent leur temps en de vaines querelles politiques et négligent leur potentiel humain et naturel. L'Administration, en dehors de quelques grands centres est inexistante, le désordre amène l'insécurité, l'insécurité détruit le travail, le chômage conduit au désordre et un cercle vicieux s'établit, menant le pays à sa ruine. L'aide étrangère et celle de l'O.N.U. sont sollicitées et accordées aux autres régions du Congo ex-Belge, mais le mal n'est pas extirpé pour autant, car les remèdes ne s'attaquent qu'aux séquelles et non à la racine. Des régions jadis prospères sont plongées dans la misère. Leurs dirigeants doivent des explications à leur population. Leurs explications sont simples : « c'est la sécession du Katanga qui est à l'origine de tous les maux, le retour du Katanga dans le giron de Léopoldville (Kinshasa) donnera la solution aux problèmes. De gré ou de force, le Katanga doit donc réintégrer un Congo unitaire ». En voulant employer au besoin la force, comme le déclare le Premier ministre Adoula, il oublie cependant un détail : c'est qu'en détruisant ce que l'on croit être la vache à lait, cette vache à lait ne servira plus personne » - Moïse Tshombe -

Le Katanga a effectivement, par l'action destructive entreprise par l'O.N.U. contre lui - donc bel et bien par la force - été réintégré dans le giron de Kinshasa ; il a dû abandonner son indépendance et la création d'une

Confédération d'États n'a pas eu lieu non plus, ni le simple fédéralisme... Quel bilan peut-on tirer de tout cela aujourd'hui, en l'année 2020 : il est plus que déplorable... pour toutes les régions du Congo ex-Belge... et pour le Katanga lui-même - celui que l'on présentait comme devant être la vache à lait du Congo entier - là, tout est détruit, tout l'appareil productif est détruit et ne sert plus à personne! Voilà quelle est la réalité actuelle. Et à Kinshasa, beaucoup de dirigeants sont encore et toujours empêtrés dans leurs mêmes querelles interminables qui rendent l'état pratiquement inexistant et un vulgaire mangeoire : le pays est ruiné, il est décomposé.

Lorsque Tshombe quitta le Katanga au mois de mars 1963, beaucoup de personnes pensaient que tout allait rentrer dans l'ordre pour le Congo, que celui-ci allait vite se redresser grâce à l'argent du Katanga. Eh bien, non, ce ne fut pas le cas, le premier ministre de l'époque, Cyrille Adoula et son gouvernement ont lamentablement échoué. Ce fut un échec... rendu à un point tel que les Congolais se souviennent encore à peine de l'existence de Mr. Adoula. Le Congo unitaire centralisé et/ou décentralisé a brillé dans l'échec depuis lors jusqu'aujourd'hui.

Le cas de la partition du Soudan : un cas de jurisprudence

A la veille de l'indépendance du Congo et lors de toute la période de la sécession katangaise, les katangais mangeaient à leur faim, ils étaient bien soignés au niveau médical, ils se déplaçaient le long de routes bien entretenues ou le long de pistes bien entretenues par les chefferies traditionnelles, et ceci sans aucun risque de se faire rançonner, l'indice au développement humain fut assez élevé, ainsi que l'indice de bonheur de la population. Or, de nos jours, depuis le retour forcé du Katanga dans le giron de la tyrannie de l'Etat centralisateur de Kinshasa, le Katanga a sombré et a connu une descente aux enfers.

L'Organisation de l'Unité Africaine (OUA) qui vit le jour le 25 mai 1963 à Addis-Abeba et qui fut sabordée le 8 juillet 2002, en Afrique du Sud, à Durban, s'est butée la tête pendant des longues décennies sur ce fumeux concept qu'est l'intangibilité des frontières issues de la colonisation. Or, ce concept n'a plus aucune légitimité quelconque de nos jours et n'est plus défendable, car il a volé en éclats au mois de janvier 2011 avec le référendum au sujet de la partition du Soudan, et il fut déjà bien avant cela défiguré par l'indépendance de l'Erythrée en 1993. L'on peut donc aisément affirmer à haute voix que le référendum au sujet de la partition du Soudan, qui a conduit vers l'indépendance du Sud-Soudan, fait cas de jurisprudence.

Il est grand temps d'admettre en toute honnêteté intellectuelle que l'histoire de l'Afrique entière s'articule autour de ses ethnies qui sont chacune des véritables Nations. De la Côte d'Ivoire au Nigéria, du Cameroun au Soudan, du Kénya au Rwanda, et de la République Démocratique du Congo à l'Afrique du Sud, toute l'Afrique est à reconstruire par les ethnies et la confédération de ces ethnies au niveau continental.

C'est dans le fait d'avoir occulté et totalement nié cette évidence que réside le grand échec de l'Afrique. Le panafricanisme de l'école socialo-marxiste, qui jugeait bon de bannir la réalité ethnique est en grande partie responsable du grand échec de l'Afrique. Cette idéologie centralisatrice basée sur les grands principes marxistes a eu comme conséquence la construction de systèmes constitutionnels qui nient et écartent les réalités ethniques, tout en donnant caution et longévité aux frontières coloniales.

Notons donc que des grands principes mortifères furent imposés à l'Afrique depuis ce que l'on peut appeler les fausses indépendances nominales des années 60, et que ces grands principes ont lamentablement échoués, leur échec a fait voler en éclats ces principes, dont par exemple :

- Le tabou de l'intangibilité des frontières nées de la colonisation a été brisé en mille morceaux avec la partition du Soudan

- La démocratie fondée sur l'égocentrisme et l'eurocentrisme occidental, basé sur l'individualisme du "one man, one vote", qui débouche en Afrique purement et simplement sur de l'ethnomathématique, car les gens votent en grande majorité sur une personne de leur ethnie, s'est complètement disloquée sur les réalités ethniques un peu partout, que cela soit en Côte d'Ivoire, au Nigéria, au Cameroun, au Kénya, en Afrique du Sud où la Xhosa Nostra règne en maître, et en République Démocratique du Congo, où l'UDPS de Tshisekedi est anno 2020 le meilleur exemple d'un parti tribalo-ethnique.

- L'échec du diktat démocratique ouvert à la Baule, en 1990, par le président français François Mitterrand, saute aux yeux de tout un chacun.

Plus d'un demi-siècle de fausses indépendances pour l'Afrique et le Congo, et depuis tout ce temps le Katanga est un prisonnier de luxe de cet Etat bidon, mal géré à partir de Kinshasa... quelle aberration !

Mais revenons sur l'exemple du référendum sur l'indépendance du Soudan du Sud, cette consultation de la population du Soudan du Sud s'est déroulée du 9 au 15 janvier 2011 au sujet de l'indépendance de cette région autonome. Les résultats officiels de ce référendum furent publiés le 7 février et donnèrent un pourcentage de 98,83 % en faveur de l'indépendance. Et cette indépendance du Sud-Soudan est depuis lors effective depuis le 9 juillet 2011, avec la proclamation de la République du Soudan du Sud.

Ce nouvel État du Sud-Soudan sera par après officiellement reconnu par plus de 120 pays, tandis que les autres pays ne s'opposèrent point à cette indépendance, ni la grande majorité des organisations internationales dont l'Union européenne, ni les Nations-Unies. Le pays a adhéré à l'Organisation des Nations unies le 14 juillet, soit cinq jours seulement après la proclamation de son indépendance, avec l'aval des 192 États alors membres de l'organisation. Le pays a également fait en août 2011 son adhésion à l'Union Africaine, et à la FIFA au mois de mai 2012.

Dès lors, l'on peut se poser la saine question suivante : pourquoi ce droit n'est-il pas accordé par les Nations-Unies au Katanga ? Pourquoi ? Car cet exemple de la partition du Soudan est en Droit un beau cas de jurisprudence.

Le mot «jurisprudence» (Juri'Predis) signifie étymologiquement "la Science du Droit", et s'applique à l'ensemble des arrêts et des jugements qu'ont rendu les Cours et les Tribunaux pour la solution d'une situation juridique donnée. Donc, la jurisprudence a pour rôle de préciser et de confirmer le droit existant, de l'interpréter ou de l'adapter. Tout comme la loi, la jurisprudence est une source du droit. En effet, la loi est parfois incomplète, imprécise, muette et les juges doivent trancher et décider au moyen d'une règle de droit qui ne résulte d'aucun texte, ou qui est issue d'une interprétation de ce texte ou qui est adaptée de celui-ci. C'est même un droit prétorien, car il est construit en dehors des interventions des législateurs.

Comment appliquer ce cas de jurisprudence que constitue le cas du Sud-Soudan en faveur d'un référendum populaire ayant force de loi en faveur d'un Katanga autonome ? Il faut tout d'abord énoncer tout le droit applicable à l'espèce au sein de la Charte des Nations-Unies au sujet du droit qu'ont les peuples à leur autodétermination, et ceci de la norme la plus haute et générale à la plus basse dans la hiérarchie des normes. Ainsi, il faudrait en premier lieu citer les textes et leurs articles, puis la jurisprudence et enfin la doctrine. Il faut partir du général au plus précis. Voyons ce général qui aboutit au plus précis dans la conclusion de ce Manifeste en faveur d'un Katanga indépendant.

Conclusion

Le droit des peuples à disposer d'eux-mêmes, ou droit à l'autodétermination, est un principe issu du droit international selon lequel chaque peuple dispose ou devrait disposer du choix libre et souverain de déterminer la forme de son régime politique, indépendamment de toute influence étrangère.

Ce principe inscrit dans la Charte des Nations-Unies, désigne également par extension, les luttes et les mouvements de revendications qui se sont appuyés sur ce principe, particulièrement depuis la période de la décolonisation, après la seconde guerre mondiale.

Ce principe du droit des peuples à disposer d'eux-mêmes a des racines libérales et démocratiques. Non seulement il exclut pour un peuple toute forme de cession et d'annexion forcées, mais il établit un lien entre son consentement et la structure étatique dans laquelle il doit se développer et trouver son bien. Ce principe est consacré d'une manière expresse dans la Charte des Nations-Unies. L'article premier stipule que l'un des buts de l'O.N.U. est de « développer entre les nations des relations amicales fondées sur le respect du principe de l'égalité de droits des peuples et de leur droit à disposer d'eux-mêmes, et de prendre toutes autres mesures propres à consolider la paix dans le monde ».

D'autres textes font également mention du droit des peuples à disposer d'eux-mêmes. Dans l'article premier du Pacte international relatif aux droits civils et politiques adopté par l'Assemblée générale des Nations Unies le 16 décembre 1966, il est stipulé que :

- Tous les peuples ont le droit de disposer d'eux-mêmes. En vertu de ce droit, ils déterminent librement leur statut politique et assurent librement leur développement économique, social et culturel.

- Pour atteindre leurs fins, tous les peuples peuvent disposer librement de leurs richesses et de leurs ressources naturelles, sans préjudice des obligations qui découlent de la coopération économique internationale, fondée sur le principe de l'intérêt mutuel, et du droit international. En aucun cas, un peuple ne pourra être privé de ses propres moyens de subsistance.

- Les États parties au présent Pacte, y compris ceux qui ont la responsabilité d'administrer des territoires sous tutelle, sont tenus de faciliter la

réalisation du droit des peuples à disposer d'eux-mêmes, et de respecter ce droit, conformément aux dispositions de la Charte des Nations Unies.

En tenant compte de tout ce qui est cité ci-haut, il est clair et net que l'ONU a commis un grave crime contre le Katanga, car le Katanga fut un peuple et une Nation totalement indépendante de l'ex-Congo Belge. La Belgique a annexé illégalement le Katanga au reste du Congo, et l'ONU a maintenu illégalement le Katanga, par la force militaire, contre sa volonté, dans le giron du Congo-Kinshasa, par conséquent le Katanga a le droit d'exiger en République Démocratique du Congo, par l'entremise de l'ONU, un referendum populaire au sujet de son autodétermination, que cela soit sous la coupe d'un Confédéralisme, ou celui d'une indépendance pure et simple.

Pour la plupart des théoriciens, le droit des peuples à disposer d'eux-mêmes comporte le droit à l'autodétermination interne (le droit d'obtenir le statut de son choix à l'intérieur d'un pays) et le droit à l'autodétermination externe (le droit à l'indépendance) qui « reconnaît à une population la possibilité de se séparer d'un État, soit pour s'ériger en Etat indépendant, ce qui entraîne comme conséquence inévitable la sécession », donc tout comme cela fut le cas pour le Sud-Soudan.

Mr. Jean-François Guilhaudis (Maître de Conférences agrégé de droit public à l'Université des Sciences Sociales de Grenoble), a bien raison quand il précise que « Tout ce qui se dit ou s'écrit depuis le dix-neuvième siècle sur le droit des peuples non constitués en États à disposer d'eux-mêmes, est entièrement dominé par la question de la sécession ». Donc, en faisant lecture de ceci, il faut comprendre que l'étude et l'analyse du droit des peuples de déterminer en toute liberté leur statut politique ne peut que se faire qu'à partir de deux solutions, soit une indépendance sous la coupe d'un Confédéralisme, soit sous la coupe d'une sécession simple.

Et avec le cas de jurisprudence qu'est la partition du Soudan, l'issue qu'est la sécession ne peut plus être sujette à l'imposition de limites au droit des peuples à disposer d'eux-mêmes dans le cadre d'une autodétermination. En d'autres mots, l'examen de la doctrine ne doit point prendre en considération les intérêts des Etats existants où se trouvent ces revendications d'autodétermination, ni les intérêts de la communauté internationale.

Aucune sauvegarde des droits d'une nationalité artificielle, ni l'existence du développement social et industriel au sein d'un Etat existant, ne devrait encore être opposées à ces peuples qui veulent leur autodétermination. Ainsi, avec le cas de jurisprudence du Soudan, le droit à l'unité en faveur de l'Etat existant, tel que stipulé dans l'article 2 § 7 de la Charte des Nations-Unies a volé en éclats. Les Nations-Unies ne devraient plus prendre parti pour un Etat qui veut à tout prix maintenir sa domination sur une population qui a exprimé en majorité absolue son vœu d'indépendance et son droit à la libre disposition. Ce fumeux principe de l'unité de l'Etat artificiel issu de la colonisation ne peut plus prévaloir en Afrique anno 2020 !

Peu de temps avant l'effondrement du Biafra, le Secrétaire général des Nations-Unies, M. Thant, déclarait : « L'O.N.U. ne peut accepter et n'acceptera jamais une sécession dans l'un de ses États membres. ». Ceci revenait à dire que le droit des peuples à l'autodétermination externe est réservé au domaine de la décolonisation et que, sans le consentement de l'État dans lequel il se trouve, un peuple non colonial ne peut accéder à l'autodétermination externe. Or, ce point de vue n'est plus valable et n'est plus défendable juridiquement avec le cas du Sud-Soudan comme jurisprudence, sans parler de celui de l'Erythrée. D'ailleurs, une fois de plus, Mr. Thant fut dans l'erreur, car reconnaître un droit à l'autodétermination et à l'indépendance aux peuples coloniaux et refuser ce droit à toute population qui ne porte pas l'étiquette coloniale, constitue une contradiction totale et aberrante. Ce point de vue rétrograde de Mr. Thant à cette époque, avait en théorie l'effet d'effacer pour l'éternité le droit des peuples à disposer d'eux-mêmes malgré les dispositions de la Charte de l'ONU elle-même.

Les Pactes internationaux - qui stipulent que « tous les peuples » ont le droit à l'autodétermination - ont pu entretenir auparavant des faux espoirs et ont laissé planer pour un temps une certaine équivoque sur l'étendue que la communauté des nations entendait reconnaître au droit de sécession, mais ceci n'est plus le cas avec la partition, reconnue de droit et de fait, du Soudan.

Au niveau de l'autodétermination interne, le Katanga a historiquement et juridique droit à un référendum populaire, ayant force de loi, au sujet de son indépendance sous la coupe du Confédéralisme, et au niveau de son autodétermination externe le Katanga a également juridiquement et historiquement droit à son indépendance par le biais d'une sécession, reconnue par les Nations-Unies et les organisations internationales.

Les États artificiels issus de la colonisation, comme la République Démocratique du Congo, ont presque toujours la même attitude à l'égard des mouvements qui revendiquent un droit de libre disposition, lequel ne peut être appliqué, bien entendu, qu'en faveur de minorités nationales ou de groupes ethniques conscients de leur destin particulier et de leur identité, comme c'est le cas pour le Katanga. Ces États sont animés par un instinct et un désir de possession, parce qu'ils sont l'œuvre des hommes qui ont fixés arbitrairement ces frontières, et par conséquent les tenants du pouvoir et leurs institutions n'échappent pas à l'égoïsme du pur affairisme politique. Le pouvoir pour le pouvoir fait qu'ils ne veulent céder à leurs prérogatives et encore moins à perdre un territoire, ceci en toute contradiction avec la notion de droit des peuples telle qu'elle apparaît dans la Charte des Nations-Unies, ainsi que dans les deux Pactes internationaux relatifs aux droits de l'homme.

Étant donné que le droit de sécession s'oppose à l'Etat, à son unité et à sa conservation, il y a presque toujours conflit entre le peuple revendiquant son droit à disposer de lui-même et l'État qui défend son intégrité territoriale. Mais dans le cas de l'analyse historique et juridique du dossier katangais, et celui du domaine du droit international contemporain, en incluant les cas de l'Erythrée et du Sud-Soudan, la balance penche totalement en faveur de la cause katangaise.

Puisque le droit des peuples à disposer d'eux-mêmes est consacré par l'article 1 § 2 de la Charte et par l'article premier des deux Pactes internationaux relatifs aux droits de l'homme, les États doivent donc « s'abstenir de recourir à la menace ou à l'emploi de la force contre un peuple revendiquant l'exercice de son droit à disposer de lui-même ». De ce fait, l'Etat de Kinshasa est interdit de recourir à la menace et/ou à la force envers tout katangais qui revendique son droit. Bien que la Charte interdise aux Nations Unies d'intervenir dans une question faisant partie du domaine réservé des États, cette règle ne s'applique pas lorsqu'il y a menace ou application de mesures coercitives. Ainsi, lorsqu'un État a recours à la menace ou à la force - ce qui se produit généralement dans les cas de sécession - l'exception prévue dans l'article 2 § 7 de la Charte concernant le domaine réservé des États ne peut mettre en échec l'application du droit des peuples à disposer d'eux-mêmes matière de droits de l'homme ». Dans ce cas, il n'y a pas ingérence dans les affaires intérieures, puisqu'il s'agit « de faire prévaloir le respect des normes de droit international ».

La résolution 2625 de la Déclaration relative aux principes du droit international touchant les relations amicales et la coopération entre les États conformément à la Charte des Nations Unies proclame qu'«en vertu du principe de l'égalité de droits des peuples et de leur droit à disposer d'eux-mêmes, principe consacré, par la Charte, tous les peuples ont le droit de déterminer leur statut politique, en toute liberté et sans ingérence extérieure [...] et tout Etat a le devoir de respecter ce droit conformément aux dispositions de la Charte ». Cette résolution fait mention de « l'obligation internationale de comportement des États, y compris l'État national vis-à-vis d'un peuple luttant pour la réalisation de l'exercice de son droit à disposer de lui-même ». Ici, il ne s'agit pas seulement d'une obligation négative de non-ingérence envers le peuple qui désire exercer son droit à la libre disposition, il s'agit également d'une obligation positive d'assistance comme le proclame la résolution 2625 : « Tout État a le devoir de favoriser, conjointement avec d'autres États ou séparément, la réalisation du principe de l'égalité de droits des peuples et de leur droit à disposer d'eux-mêmes conformément aux dispositions de la Charte, et d'aider l'Organisation des Nations-Unies à s'acquitter des responsabilités que lui a conférées la Charte en ce qui concerne l'application de ce principe. »

Quant à savoir si le droit des peuples à disposer d'eux-mêmes se limite à la libération des peuples coloniaux, il n'y a rien dans l'expression « tous les peuples » qui laisse entendre que ce droit s'adresse exclusivement à une population déterminée. Le terme « peuple » n'admet aucune exception ; il englobe « les populations de tous les pays, de tous les territoires dépendants, non autonomes ou sous tutelle ». Par conséquent, le droit à la libre disposition concerne « tous les peuples qu'ils soient déjà constitués ou non en État indépendant ». La signification du mot « peuple » est plus large que celle du mot « nation », bien que les deux expressions soient parfois utilisées conjointement. Il ne faut pas cependant confondre le « principe des peuples » et le principe beaucoup plus complexe et restrictif des « nationalités ».

Le caractère juridique du principe des peuples est maintenant fermement établi, même si la pratique internationale retarde à le mettre en œuvre. Le respect du droit des peuples à leur autodétermination ne peut glisser du domaine juridique au domaine politique, pour n'être qu'un simple jeu des forces en présence.

LE KATANGA A PLEINEMENT LE DROIT, D'UN POINT DE VUE HISTORIQUE ET D'UN POINT DE VUE JURIDIQUE, A SON AUTODÉTERMINATION, PERSONNE NE PEUT NIER CELA.

Si demain un référendum est organisé au Katanga au sujet de son autonomie, au sujet de son autodétermination, au sujet de son indépendance, les votes en faveur de cette liberté seront écrasants... La grande vaste majorité des katangais voteront en faveur de cela, au grand dam de Kinshasa qui symbolise l'échec total et la défaillance d'un Etat qui n'est rien de plus qu'un vulgaire mangeoire où le pillage systématique des fonds publics est le sport favori d'une élite se donnant à de la politique politicienne sans se préoccuper réellement du sort des populations.

KATANGA ATAWINA ! KATANGA NI YETU ATAWINA !

Mr. Burkard Baron von Mullenheim Rechberg, ancien Ambassadeur d'Allemagne au Congo-Kinshasa, avait bel et bien raison d'écrire en 2001, dans un ouvrage intitulé "The abduction and death of Moïse Tshombe: The end of Hope for the Congo" : « The abduction and death in Algeria of Congolese politician Moïse Tshombe heralded the start of a 30 year rule of President Mobutu and the steady decline of the Congo. The author contests that Tshombe, now a largely forgotten figure, represented a real alternative hope for democratic development in a era of western sponsored dictatorships in Africa ».

En français: L'enlèvement et la mort de Moise Tshombe - La fin de l'Espoir pour le Congo - : « l'enlèvement et la mort en Algérie du politicien congolais Moïse Tshombe fut le début d'un règne de 30 ans du Président Mobutu et du déclin constant du Congo. L'auteur avance, que Tshombe, aujourd'hui une figure largement oubliée, représentait un réel espoir alternatif pour le développement démocratique, dans ces temps de dictatures sponsorisées par l'Occident, en Afrique ».

Et voici, pour conclure complètement cet ouvrage, la retranscription, dans son intégralité, du discours de Moïse Kapend Tshombe à la Chambre des Lords, à Londres, le 8 avril 1964, afin de démontrer à quel point cet homme fut un vrai Homme d'Etat visionnaire, et plus loin "un moment passé avec Tshombe en captivité en Algérie" ... Moïse Kapend Tshombe, héros katangais...

Annexe 1 : Discours de Moïse Kapend Tshombe à la Chambre des Lords à Londres le 08 avril 1964

Voici dans son intégralité ce discours absolument grandiose tenu par Moïse Tshombe à la Chambre des Lords, à Londres, le 08 avril 1964. Ce discours, post indépendance du Katanga, témoigne du fait que Moïse Tshombe fut un grand visionnaire doté d'une intelligence et d'une vision panoramique hors du commun.

Première partie :

Réconciliation et Progrès

Je me dois, au seuil de cet entretien, d'exprimer les sentiments de profonde reconnaissance que j'éprouve envers votre Nation au moment où elle m'invite à exposer, devant sa plus haute Assemblée, les problèmes actuels du Congo et les moyens que j'envisage pour y mettre un terme.

Une grande émotion m'envahit en constatant l'intérêt porté dans votre pays aux difficultés que nous traversons en Afrique Centrale et, pour l'avoir déjà expérimenté moi-même, je sais que cet intérêt n'est pas académique et que l'on peut attendre de ce grand peuple britannique fraternel des gestes courageux et nobles lorsque sont en jeu la cause de la paix et la dignité humaine.

Particulièrement sensible m'est l'honneur de pouvoir m'adresser en vos solennelles assises au Parlement britannique, image la plus haute de cette antique démocratie toujours si vivante et qui a proposé au monde le modèle et l'idéal de la nation exerçant elle-même ses pouvoirs souverains.

En Vous parlant du Congo, il me faut vous dire comment je le vois et comment je le sens au plus profond de moi-même, de ma sensibilité de bantou nourri de nos conceptions ancestrales.

Dans son ensemble, tel qu'il est parvenu à la souveraineté de droit international, le Congo est la résultante des facteurs ayant prévalu sur tout son territoire de 2.400.000 km2 pendant la durée de l'administration belge qui rassembla en un tout cohérent les populations du bassin du grand fleuve et les dota d'une structure économique puissante et déjà diversifiée.

Sur ce territoire vivent des groupes ethniques issus du même tronc bantou, relativement clairsemés, puisque la densité moyenne de la population n'atteint pas 6 habitants au km2.

Ces groupes totalisants maintenant 13.000.000 d'âmes environ, avaient vécu souvent cloisonnés par l'environnement des obstacles naturels et des climats, en proie aux hostilités tribales et aux atteintes de maladies endémiques meurtrières. La pénétration de la civilisation Occidentale du 20ième siècle dans le vaste hinterland congolais, avec ses moyens modernes de développement et d'administration, transforma la vie de ces populations. Elle leur apporta, au-delà des obstacles, jusque-là insurmontables, avec la route, le chemin de fer, la navigation fluviale à vapeur, et bientôt l'aviation, tout l'arsenal médical nécessaire au combat contre la maladie et les effets du climat tandis qu'elle s'attaquait aux plus grands des maux de l'Afrique : la sous-alimentation.

Mais, faut-il le dire, la transformation était surtout spirituelle, comme dans tout phénomène d'évolution humaine, où le corps et l'esprit ne peuvent être séparés.

Les contacts entre ethnies devenus quotidiens, contribuèrent au développement d'un esprit communautaire, tandis que l'apport d'une culture nouvelle ouvrait au Congo les horizons insoupçonnés du vaste monde extérieur.

Et bientôt, l'accélération d'un progrès qui touchait tous les domaines de notre vie quotidienne plaça au centre de notre conscience la question de l'Indépendance. Et lorsque l'Indépendance ne fut plus un mythe, mais que la date de sa proclamation apparut comme une échéance prochaine, un enthousiasme magnifique gonfla les cœurs et l'approche de ce temps fabuleux fut ressentie comme l'annonce d'un avènement : celui de note dignité d'homme africain affirmée solennellement dans l'égalité fondamentale de toutes les races.

Je me souviens de ce temps comme l'un des plus émouvants qu'il m'ait été donné de vivre et il me semble qu'à partir de cette époque, et malgré certaines déceptions qui devaient suivre, je voyais et je vois toujours la vie, les hommes et les choses sous un jour absolument nouveau. Je pensais à mon père et à tous ceux de ma famille et de mon clan qui, par leur travail et leur culte de la tradition ancestrale et des valeurs chrétiennes, m'avaient, pour ainsi dire, porté jusqu'à cet épanouissement et je ressentais pour eux une profonde gratitude, surtout pour ceux, déjà disparus, qui avaient préparé dans l'ombre ce magnifique avenir sans espoir de le connaître eux-mêmes.

Je n'éprouvais aucun sentiment de rupture entre le passé et ce futur plein de si belles promesses, et je voyais cette réalisation, comme j'avais vu, toute ma jeunesse, se succéder les saisons et les étapes de mon propre accomplissement.

Cette promotion, qui pour être la plus grande, n'était pas la première de mon peuple, n'annulait rien et l'Indépendance devait être la reconnaissance de cet humanisme africain dans son originalité propre.

C'est dans cet esprit respectueux de la structure intime de notre personnalité individuelle ainsi que des particularités du génie collectif de nos populations que nous abordâmes le problème de la forme de notre Indépendance et celui des institutions politiques qui devaient la concrétiser.

Sur ce terrain délicat s'opposèrent alors deux tendances dont l'une nous venait de l'étranger et l'autre répondait aux aspirations de notre âme et de notre sensibilité.

L'une représentait l'aboutissement de l'évolution politique des Etats les plus avancés, dont l'unité s'est forgée au cours de nombreux siècles, l'autre ménageait les étapes et se réclamait des formes de gouvernement le plus en honneur chez de grandes nations jeunes, comme la nôtre, je veux parler de la forme Fédérale adoptée par nombre de pays d'Amérique.

Toutes ces Républiques, occupant de vastes territoires, qui sont issues d'une aspiration commune de leurs populations à se constituer en nations indépendantes, n'en ont cependant pas oublié, pour autant, le caractère particulier de leurs groupements régionaux souvent éloignés les uns des autres par des distances géographiques considérables.

C'est qu'il était apparu très tôt que les diversités et l'éloignement même de ces groupements régionaux rendent malaisé l'exercice d'une autorité centrale aux attributions trop poussées.

Dans de tels pays dont le caractère unitaire ne se formera que progressivement, une action locale trop étendue du pouvoir central ne peut, en dernière analyse, que compter sur la force pour réduire les particularismes ou, en cas de faiblesse au sommet, une crise majeure au centre nerveux le plus élevé, risque de provoquer l'éclatement de l'ensemble.

C'est ce que, sagement, évitent les constitutions fédérales, en réservant au Gouvernement Central quelques matières d'intérêt commun par leur nature même, tout en laissant aux pouvoirs locaux la conduite de leurs affaires propres, et cela, dans la plus large mesure compatible avec les impératifs du bien commun.

Dans le cas du Congo, l'inadaptation de la Loi Fondamentale, œuvre du Parlement belge, se manifesta dès les premiers jours de l'Indépendance. Le pouvoir central fit en outre preuve de tant d'incohérence et d'impuissance que le chaos s'installa très rapidement à l'échelle d'un pays vaste comme plusieurs grands pays d'Europe et habité par des populations aussi différentes, au sein de la même race humaine, que peuvent l'être les Nordiques des Méridionaux.

La crise majeure qui secoua tout entière la jeune République faisait la preuve, dans la souffrance, de la nécessité de donner aux pouvoir locaux une autorité leur conférant la capacité de circonscrire les effets d'un désastre menaçant l'ensemble du pays.

Il apparaissait ainsi que pouvait se généraliser ce qui n'était que les conséquences dangereuses, mais localisées à leur début, du fonctionnement défectueux d'un gouvernement national encore peu affirmé et dont la composition ne procède que d'un dosage au degré général, sans relation avec des réalités locales si différentes les unes des autres.

De l'alternative, dictature d'un gouvernement central obligé de se constituer en gouvernement autoritaire pour dominer tant de particularisme sur un territoire aussi étendu ou faiblesse de ce gouvernement entraînant dans sa chute, à l'occasion d'une crise locale, une République trop centralisée, ce fut la seconde hypothèse qui se réalisa sans que put jouer le secours d'un pouvoir local autonome pour arrêter la progression du mal.

Personne n'ignore les principes qui devaient finalement l'emporter à Kolwezi, le 14 janvier 1963, dans la programmation du plan U'Thant qui mettait un terme aux combats dont l'enjeu était la forme fédérale de gouvernement.

Sous l'égide des Nations-Unies qui, dès leur intervention au Congo, avaient reconnu que les problèmes tenaient essentiellement à un conflit interne d'ordre constitutionnel, un acte, dont l'exécution était garantie par la Grande-Bretagne, les Etats-Unis d'Amérique et la Belgique, était signé par les parties en présence.

Cet acte, solennellement proclamé reste pour tous les Congolais conscients des nécessités de l'avenir du Congo, la base de la Réconciliation Nationale à laquelle je suis, personnellement, profondément attaché.

Essentiellement, ce plan prévoit que le Gouvernement Central s'oblige à déposer devant le Parlement et à appuyer devant lui, un projet de constitution visant à l'établissement d'un Gouvernement Fédéral pour le Congo, avec répartition adéquate des pouvoirs entre autorité centrale et autorités locales.

A l'occasion du premier anniversaire de la signature du protocole de Kolwezi, j'ai été amené à souligner les multiples et graves violations des principes du Plan des Nations-Unies que le Gouvernement Central, dans les actes de son administration, avait commises à maintes reprises, autant à l'encontre de l'esprit de cette convention que de sa lettre.

Ainsi se retrouve mise en question par l'action d'une des parties contractantes, et cela en dépit des garanties internationales, la ligne de conduite adoptée de commun accord en vue de la Réconciliation Nationale.

Depuis le 14 janvier 1963, date d'un nouveau départ historique que le Congo ne peut pas manquer, j'ai dû choisir le chemin de l'exil pour moi-même, et j'ai observé avec angoisse que se poursuivait dans mon pays une œuvre d'asservissement systématique qui s'attaque à tout ce qui peut constituer, dans l'esprit des gouvernants actuels, un obstacle à leur action.

L'opposition est bâillonnée, les arrestations de syndicalistes, de journalistes, de Chefs Coutumiers et de Notables, dans toutes les parties de la République, ont marqué des mois qui devaient être consacrés à l'œuvre de la Réconciliation.

Dans le même temps, le marasme économique loin de s'atténuer ne faisait que croître et les effets de la dévaluation du franc congolais n'étaient obtenus qu'au prix d'une réduction tragique du pouvoir d'achat des masses les plus pauvres.

Malgré ce tableau bien sombre que je devais à la vérité de retracer brièvement devant vous, car il ne sert à rien de dissimuler les réalités, je veux, au-delà de votre honorable auditoire, faire entendre ma voix et j'en appelle à mon pays tout entier pour que la Réconciliation soit la grande réalité.

A ses enfants dispersés sur les chemins des conflits idéologiques ou de l'exil, à tous ses enfants épris de la grandeur de la patrie commune et qui n'ont divergé que sur les moyens de l'atteindre, la République doit lancer l'appel de la Concorde afin que, rassemblant ses forces durcies par l'épreuve, elle trouve ses voies vers cet avenir enviable que lui ouvrent des possibilités presque uniques au monde.

Ni les conflits de personnes, ni les anciennes luttes tribales ne peuvent plus longtemps se mettre en travers de la tâche immense et exaltante qui nous convie à unir nos efforts pour reconstruire notre pays selon notre génie africain pétri de cette sagesse ancestrale que nous avons trouvée dans notre héritage national.

Une seule chose doit compter désormais : maintenant que la cause du mal a été déterminée et que les remèdes nécessaires ont été adoptés, plus un homme de cœur ne peut hésiter sur son devoir. Celui-ci s'impose, puisque nos efforts ne seront plus perdus, puisqu'enfin nous voyons clairement le but à atteindre et les moyens d'y parvenir.

Pour moi, je me tiens prêt à répondre au premier appel pour prendre ma place dans cette noble équipe d'ouvriers décidés à relever notre maison et à la rebâtir plus belle qu'avant. C'est le cœur heureux avec tout mon dynamisme et mon intelligence, que je me mettrai au service de mon pays, certain du succès et de l'adhésion de tous mes compatriotes déterminés, comme moi, à faire du Congo, une grande et belle nation pacifique, où pour tous, il fera bon vivre.

Mais il est de mon devoir, devant votre honorable Assemblée, de revenir sur la garantie que la Grande-Bretagne, les Etats-Unis d'Amérique et la Belgique donnèrent à l'exécution du plan U'Thant.

C'est en considération de ce gage solennellement donné par les représentants qualifiés de ces trois grands peuples libres que, responsable des destinées du Katanga et conscient des nécessités du bien commun à toute la nation congolaise, j'ai donné mon adhésion aux principes contenus dans ce Plan.

J'adjure votre grande sagesse imbue des droits et des devoirs de l'homme véritablement libre de veiller à la mise en œuvre de cette garantie.

Sans elle, les promesses d'un avenir harmonieux pour le Congo tout entier, et dont le monde put se réjouir le 14 janvier 1963, seraient mise à néant.

Sans elle, la Constitution telle qu'elle sera soumise prochainement aux voix lors du référendum n'apportera, sans doute, que la consécration du régime policier qui sévit maintenant dans mon pays.

La concentration de pouvoirs énormes entre les mains du Président de la République, telle qu'elle semble se dessiner au stade actuel des travaux de la Commission consultative de Lualabourg qui prépare le texte de la future Constitution, se présente, en effet, comme une hypothèque dangereuse qui pèse sur l'avenir de la Nation.

Le danger parait d'autant plus grave que la procédure de ce référendum ne prévoit aucune consultation préalable des Chambres législatives dont les membres ont été mis en congé rétribué jusqu'au terme de leur mandat qui doit intervenir au plus tard le 30 juin 1964.

Comme tel, le pouvoir sans précédent du Président de la République ne tarderait pas à se heurter aux pouvoirs locaux, et l'absence de tout contrôle politique des Chambres sur les actes de l'Exécutif engendrerait à coup sûr une tension préjudiciable à la collaboration générale de la Nation, anéantissant les effets salutaires escomptés du Plan U'Thant.

De plus, pourquoi ne pas vous l'avouer, une crainte me saisit de voir se forger au Congo, sous les yeux mêmes des Nations-Unies et des Nations du Monde Libre, un instrument de pouvoir personnel où le parti unique remplacera le pouvoir des assemblées délibérantes.

Pareil instrument peut constituer une tentation pour toutes les ambitions de l'intérieur et de l'extérieur, et je me demande s'il n'en résultera pas un jour prochain un grand danger pour le Congo et, qui sait, pour la paix de l'Afrique ?

Deuxieme partie

Je viens de vous exposer comment il me paraît que doit s'opérer la Réconciliation Nationale. Mais il est évident qu'à elle seule, elle ne saurait suffire à résoudre tous les problèmes et à éliminer tous les obstacles qui s'opposent à la marche en avant vers plus de progrès.

Il ne suffit pas, en effet, que nous apportions à l'œuvre à entreprendre tout l'enthousiasme qu'elle mérite. Il faut encore que nous sachions concrètement quel est le but à atteindre et quels sont les moyens matériels et techniques qui nous y conduiront.

Le but à atteindre, ai-je besoin de le dire, est de bâtir un pays où la vie soit heureuse, où chacun se sente chez soi, où le travail nourrisse son homme et sa famille, dans la paix et l'ordre retrouvés.

C'est là énoncer la nécessité d'un plan et de méthodes de réalisation.

Dans ce monde moderne, et surtout dans un pays comme le nôtre où tout nouveau progrès est une victoire sur une nature souvent hostile et prête à reprendre son empire au moindre relâchement, la vie et le développement de mon peuple ne se conçoit pas sans les moyens techniques et sans les techniciens qui furent la condition même de sa naissance à la vie du 20ième siècle.

Entre Africains, nous avons trop souvent oublié que la promotion à l'Indépendance qui faisait du Congo un pays parvenu à sa majorité politique, laissait entière la question de notre autonomie sur le plan politique.

C'était oublier que l'avènement auquel nous assistions n'avait été possible que grâce à une préparation d'ordre spirituel, mais aussi, en grande partie, grâce à des réalisations techniques de plus en plus complexes qui avaient exigé un personnel de plus en plus qualifié tant au niveau de la maîtrise que du génie de direction.

Nous ne pouvons retomber dans une erreur aussi flagrante et nous devons reconnaître que, pour une période transitoire, le Congo ne peut se passer, sous peine de donner à son essor un coup d'arrêt peut être définitif, de l'aide technique étrangère.

Mais cette constatation de bon sens m'amène, en toute logique, à me tourner vers la jeunesse, aux études aujourd'hui ou déjà nantie de ses grades universitaires, cette élite intellectuelle africain dont mon pays a un urgent besoin et que la Communauté Nationale, avec l'aide des grandes fondations étrangères, a tenu à éduquer, à grands frais, dans les Hautes Ecoles et les Universités, au Congo et ailleurs.

A cette fleur de la Nation qui fait notre fierté, je lui dis : « Préparez-vous pour le service de votre Patrie qui bien souvent vous a offert vos études. Revenez au Pays et attelez-vous, dans vos domaines respectifs à ce service digne de tous vos efforts. Ne désertez pas votre devoir pour des tentations de facilité. La moisson est grande et les ouvriers peu nombreux. Soyez pour chacune de vos activités nationales, les Grands Pionniers Africains, auteurs de solutions proprement congolaises pour les grands problèmes de notre pays. Le champ est vaste pour vos recherches et votre génie d'organisation ».

Notre pays se doit d'accueillir avec chaleur cette génération d'intellectuels formés à grands frais. Il se doit de lui confier des postes de direction qui lui reviennent auprès des spécialistes étrangers encore indispensables pour un temps. Chaque fois qu'un intellectuel congolais assumera avec compétence et diligence des fonctions dirigeantes au Congo, chaque fois notre pays fera un pas de plus dans la direction de cette véritable Indépendance qui se gagne tous les jours, sur le terrain des réalisations, beaucoup plus que dans les textes.

Ce plan d'avenir qui doit nous mener à notre maturité technique, je le vois comme l'étape suivante de notre accomplissement national. Mais il va sans dire que les possibilités énormes d'un Congo en devenir font de notre pays une terre où l'effort national, dont tout dépend, ne peut être remis en question par l'entraînement des passions et des idéologies.

A ce propos, je dois souligner que dans l'élaboration des textes constitutionnels qui furent à un moment ou à un autre proposés au Congo pour servir de base au bon ordre de sa vie nationale, un élément capital semble avoir été négligé.

Cet élément doit correspondre à l'une des caractéristiques fondamentales de ce pays.

La Constitution serait, à mon sens, incomplète si, à côté des principes contenus dans le plan U'Thant, sur lesquels je ne reviendrai plus, elle ne mettait pas au premier rang de ses préoccupations la nécessité vitale, pour la Communauté toute entière, de subordonner sa conduite aux impératifs majeurs de son développement.

En d'autres mots, je crois que pour éviter la répétition de pénibles expériences dont le peuple est la grande victime, nous devons concrétiser dans notre constitution la conscience que nous avons de la priorité des problèmes qui se posent à un pays en voie de développement.

Il est, en effet, certain que l'organisation d'un pays en voie de développement ne repose pas, comme celle d'un pays déjà pleinement mûri par des siècles d'efforts, sur une base solide et, pour ainsi dire, sur un socle inébranlable, constitué, dans le secteur officiel et dans le secteur privé, par l'ensemble d'une administration faite des rouages bureaucratiques et d'un personnel innombrable, aux traditions bien établies par une expérience très ancienne.

Cette machinerie dont beaucoup ont souvent dénoncé ce que l'on a appelé à tort « l'immobilisme » à l'immense mérite de survivre à tous les régimes, à toutes les expériences politiques et de fournir à la Nation sa solidité même, son ossature sans laquelle, la vie nationale ne serait plus qu'un ensemble d'aspirations communes privées des moyens de se réaliser.

Les pays en voie de développement sont, à cet égard, éminemment vulnérables et le moindre souffle sur la scène politique peut tout menacer.

C'est la raison pour laquelle, à moins de confier à l'Exécutif des pouvoir dictatoriaux qui peuvent rapidement rendre la vie intolérable à tout un peuple enrégimenté, la Constitution se doit d'instituer un guide investi d'un pouvoir de contrôle et d'initiative, capable de s'opposer au nom des nécessités vitales du développement de la Nation, aux excès et aux erreurs que l'administration et le pouvoir législatifs peuvent commettre dans leur action et dans leurs prévisions.

Ce contrôle technique, étranger à la direction politique du pays mais qu'aucune incidence du fonctionnement des pouvoirs sur le développement de la Nation ne peut laisser indifférent aurait des attributions consultatives et d'avis motu proprio et, en cas d'urgence motivée, de véto suspensif jusqu'à adoption par une commission mixte d'une solution s'accordant avec les plus hauts intérêts de la Communauté.

Je vois dans la fondation d'une haute autorité de cette sorte, la possibilité de doter le pays d'un organe régulateur de sa marche en avant sans à-coup et sans cette autocratie qui réduirait à néant l'économie même du régime de libertés démocratiques.

Dans ce Conseil Supérieur au Développement trouveront leurs places toutes désignées, les représentants les plus qualifiés de l'enseignement universitaires, congolais et étrangers, et nos universitaires déjà formés par une expérience suffisante. Ce Conseil, en relation avec les milieux scientifiques du monde entier rechercherait les solutions les plus modernes aux problèmes qui peuvent voir s'affronter les attributions des pouvoirs politiques et les exigences du progrès technique du pays.

Ce Conseil, en attendant notre "machinerie" administrative et technique, serait notre ossature et le gardien de notre volonté de devenir une nation moderne, dans un monde qui respecte la liberté des options spirituelles, mais ne peut, c'est l'évidence, souscrire à l'erreur scientifique ni technique.

Mais il est temps que j'aborde la question des moyens financiers que postulent les réalisations inhérentes au progrès d'un pays en voie de développement.

Il est bien clair que ces capitaux, le Congo doit les attendre, dans la plus grande proportion, d'un financement venu de l'étranger. C'est pourquoi ce pays doit demeurer un pays d'investissements avantageux et sûrs.

Se proposant on ne sait quelle autarcie, le gouvernement serait conduit à sacrifier à un avenir rendu plus lointain encore par l'accélération du progrès technique contemporain, deux générations, au moins, d'hommes et de femmes qui ne verraient jamais le résultat de leurs efforts.

Aucun homme de bon sens ne peut souhaiter à son pays une semblable frustration en vue d'un résultat aussi aléatoire.

Il serait en outre absurde pour un pays en pleine croissance de rêver à ce genre d'Indépendance à une époque où les liens d'interdépendance sont souhaités et admis par les puissances les plus avancées et consacrés par les plus hautes organisations internationales.

Dans ces conditions, disons tout de suite, que je considère qu'en deçà d'une certaine limite, la balance exportations-importations d'un pays qui se construit et s'équipe dans tous les domaines, et dans certains de ceux-ci, en partant d'un niveau presque nul, doit normalement être déficitaire.

Ce déficit est sain et ne deviendrait alarmant que s'il ne s'expliquait que par des importations non rentables, de pur luxe, par exemple, ou s'il atteignait une importance sans rapport avec la valeur du produit de l'effort national.

Et ici, qu'il me soit permis de saluer avec joie les efforts de la Conférence Mondiale sur le Commerce et le Développement qui se tient à Genève et dont j'espère qu'elle contribuera à obtenir la stabilisation des cours mondiaux du prix des matières que nous produisons, nous donnant ainsi la possibilité de faire des prévisions sans lesquelles aucun plan de développement ne peut valablement assigner d'objectifs à atteindre.

Des pays comme le nôtre doivent, par une gestion saine de leur économie, éviter avec autant de vigilance les abus d'une féodalité financière qui nous replacerait dans une situation proprement colonialiste au profit de l'étranger que, d'autre part, et avec autant de soin, le tarissement des sources de financement normales d'une nation en plein devenir.

L'encouragement aux apports financiers en provenance de l'étranger et le contrôle légitime de leur économie nationale par les Congolais eux-mêmes doivent être obtenus par une législation adéquate et des accords à longues échéances susceptibles de réajustements équitables qui formeront le Code des Investissements au Congo.

On devine que le Conseil Supérieur au Développement aura son mot à dire en cette matière capitale.

Car au-delà de conceptions d'un protectionnisme trop étroitement calculé et par là-même nuisible et dépassé, il faut que la Terre Congolaise soit largement ouverte à tous ceux qui viennent la féconder de leurs efforts afin que ce pays à qui Dieu ne semble avoir rien refusé pour le bonheur de ses habitants, connaisse un essor qui, en quelques années, pour Lui comparer une réalisation actuelle, puisse être qualifié d'essor de type canadien.

VIVE LE CONGO !

Londres, le 8 avril 1964

Dr. Moïse
TSHOMBE

Annexe 2 : Un moment avec Moïse Tshombe en captivité en Algérie

Passons un moment ensemble avec Moïse Tshombe en captivité en Algérie, grâce à un article paru dans La Libre Belgique le jeudi 3 juillet 1969.

En Algérie, Moise Tshombe était maintenu sous bonne garde dans une villa sur les hauteurs d'Alger, mais on ne pouvait pas parler d'une prison dorée, car les visites de sa famille et de ses amis y étaient exclues, et il pouvait seulement échanger par lettre par le biais de l'aide du Président du Croissant Rouge Algérien.

Tshombe va y décéder le 29 juin 1969 après deux ans d'emprisonnement, la veille de sa libération qui avait été négociée contre espèces sonnantes et trébuchantes. La famille Tshombe sera autorisée à se rendre à Alger pour ramener sa dépouille mortelle, mais n'obtiendra pas le carnet que Tshombe écrivait dans sa prison. Après son décès des journalistes belges se sont rendus sur le lieu où Moise Tshombe était détenu, ainsi la Libre Belgique publia le 3 juillet 1969 la description suivante des conditions de détention de Moise Tshombe à Alger :

« Moise Tshombe restait des heures auprès de ses radios captant les retransmissions africaines de Bruxelles, de la Suisse et de la France. Il remontait ensuite dans son bureau, prenait des notes, lisait, écrivait, tapait à la machine et discutait avec nous, a rapporté au cours d'un entretien un jeune officier algérien qui pendant 23 mois a été l'un de ceux qui était chargé de veiller sur l'ancien Chef d'Etat Congolais. Selon cet officier, Tshombe portait le jugement suivant sur l'actuel Président de la République congolaise : « Mobutu a trahi tout le monde. C'est dans sa nature. Il a déjà beaucoup plus cédé et donné aux uns et aux autres, que ce qui m'était reproché à moi. Et puis, il pratique sur grande échelle la distribution des biens du Congo ». Cette conversation très libre s'est déroulée à l'endroit même où vécut et mourut Moise Tshombe, c'est-à-dire sur les hauteurs d'Alger, à El Biar, chemin de la Madeleine, à 25 minutes de voiture de la capitale algérienne. La résidence de Moise Tshombe était une grande villa à étages, de style hispano mauresque, d'une dizaine de pièces, joliment disposée autour d'un patio.

L'officier en civil, ainsi que son adjoint, est ainsi resté auprès du leader congolais pendant près de deux ans et manifestement, cela parait dans ses propos, car il a été frappé et même chagriné par le décès subit de son hôte forcé. Il nous précise à ce sujet : « Dimanche matin, le cuisinier entra dans sa chambre, après avoir frappé, et déposa sur la table le café au lait, croissant, beurre, petit déjeuner de son hôte forcé. Celui-ci reposait paisiblement sur le dos, la figure sur la main droite. Il ne répondit pas au cuisinier qu'il connaissait bien. Celui-ci pris d'inquiétudes alerta alors le responsable. Quelques minutes plus tard arrivèrent des médecins militaires qui constataient le décès. Tshombe avait été terrassé durant son sommeil par une syncope cardiaque ».

Et le jeune officier poursuit : « il faut dire qu'il y avait déjà eu deux alertes il y a déjà un certain temps. Il se plaignait de malaises et de palpitations, chaque fois des médecins vinrent l'examiner sans rien déceler de grave. Nous nous sommes ingéniés à rendre sa liberté surveillée la moins pénible possible et comme il lui était permis de faire des randonnées une journée entière en voiture, Tshombe, le chauffeur et nous deux : le responsable et son adjoint, nous partions à travers l'Algérie, cela du matin jusqu'au soir, en déjeunant au restaurant. En semaine, nous passions inaperçus. Un jour, il a voulu connaître Chréa, la petite station de sports d'hiver à 100 kilomètres d'Alger. Nous y sommes allés, il y avait beaucoup de monde. Alors nous lui avons fait mettre une barbe postiche, mais il était quand même bien reconnaissable », ajoute en soupirant l'homme de la sécurité militaire. Il nous faisait souvent arrêter pour contempler telle ou telle chose. Il confectionnait lui-même ses menus avec soin, et nous allions les lui chercher dans un bon restaurant d'Alger. Tshombe aimait bien la télévision. Mais ici les programmes sont assez brefs et il ne comprenait pas les émissions en arabe. Notre hôte pouvait se servir du téléphone, mais ses conversations étaient filtrées ».

Au premier étage on découvre un petit salon avec électrophone et transistor. Quelques disques : Léo Ferré, Jean Ferrat, les Guaranis, de la musique gaie. Une pièce à côté, c'est le bureau de Moise Tshombe : une table, machine à écrire, une photo de son fils aîné, d'autres photos de famille et de nombreux livres, tous sur l'Afrique, et un rayonnage complet sur le Congo. Sur la table un livre en espagnol : « La vérité sur le rapt de Tshombe et la mort de Lumumba » et une dédicace « A Moise Tshombe avec l'espoir de sa proche libération. Amicalement. Ricardo Rives Marques », Avocat madrilène, président du comité espagnol pour les Droits de l'Homme.

Dans la pièce un magnétophone. Notre guide déclare : « Il disait qu'il allait écrire ses mémoires, mais il ne s'y est jamais mis sérieusement. Il nous faisait acheter tous les journaux et revues en français qui sont mises en vente en Algérie. C'était vraiment un homme agréable, courtois, gentil, disert. Il espérait sa libération, mais il ne donnait pas l'impression de s'ennuyer. Il était toujours calme. »

Bibliographie

L'ONU et la sécession katangaise : Mémoire pour l'obtention du grade de Licencié en Sciences Politiques et Diplomatiques, Université Libre de Bruxelles, Faculté des Sciences Sociales, Politiques et Economiques, Moïse Nawezi, Février 1971.

Moïse Tshombe, visionnaire assassiné – il est impératif de le réhabiliter, ainsi que son Fédéralisme négligé et oublié, les Etats-Unis confédérés du Bassin du Congo - , Kayemb Uriel Nawej

Mémoires de Moïse Tshombe, éditions de l'Espérance, rue du Prince Royal 106, 1050 Bruxelles, 1975

Décolonisez l'Afrique, éditions Ellipses, 2011, Bernard Lugan

Conséquences politiques, sociales et économiques de la fixation des frontières de l'Etat Indépendant du Congo : Mémoire Université Libre de Bruxelles, Faculté des Sciences Sociales, Politiques et Economiques, Edouard Makumbuila, Juin 1972.

La sécession katangaise : Faits, réflexions et anecdotes, Albert van de Kerchove

Abduction and death of Moïse Tshombe, the end of the hope for the Congo, World View Publishing, Oxofrd, Burkard Baron von Müllenheim-Rechberg

Self-Determination of Peoples: A Legal Reappraisal. Cambridge: Cambridge University Press, 1995, Cassese, A.

Le droit des peuples à disposer d'eux-mêmes, S. Calogeropoulos-Stratis (SPYROS), Revue française de science politique, Année 1974

Site Web de l'auteur avec toute sa bibliographie :

www.urielbooks.com